Reise durch

SCHWEDEN

Bilder von
Max Galli

Texte von
Ulrike Ratay

Stürtz

Seite 10/11:
Über das in Stockholm
allgegenwärtige Wasser
blickt man auf die

Altstadtinsel Stockholms,
auf Gamla Stan, mit ihren
verwinkelten Gassen, die
zum Bummeln einladen.

Inhalt

Schweden –Märchenland im Norden

Ich will einmal den schwedischen Sommer rühmen, euch, die ihr meint, hier oben sei es mit aller Lieblichkeit und Schönheit der Natur aus.« Der frühe Schwedenreisende Ernst Moritz Arndt (Reise durch Schweden im Jahre 1804) muss wohl heutzutage kaum mehr Überzeugungsarbeit leisten für ein Land, das in unseren Zeiten berühmt ist für die Schönheit seiner Natur, und das nicht nur im Sommer. In kaum einem anderen Land zeigt sich die Natur so ursprünglich wie in Schweden mit seinen tiefen, dunklen Wäldern, den lichten, heiteren Schären, glitzernden Seen und der wilden Weite Lapplands. Ist das Bild des Nordens beeindruckend und erhaben durch seine Rauheit und Unwirtlichkeit, so wird die Vorstellung von Süd- und Mittelschweden geprägt von einer »Bullerbü-Idylle« – friedlichem Landleben in roten Holzhäusern mit weißen Fensterrahmen. Das Kupferrot der Häuser wurde zum Markenzeichen schwedischer Romantik. »Faluröd« heißt dieses ganz bestimmte Rot, einst eine als Abfallprodukt aus der Kupfermine von Falun gewonnene billige Farbe. So wurde dieses Faluröd zur Farbe der einfachen Häuser, preiswert und Vitriol enthaltend, das die traditionellen Holzhäuser der Schweden vor Witterungseinflüssen schützt. Die Farbe der Herrenhäuser ist dagegen meist gelb.

Das heimliche Wappentier Schwedens

Denkt man an Schweden, fällt einem neben grünen Wäldern, roten Häusern und weiß geflecktem blauem Himmel sofort noch etwas ein: der Elch, das heimliche Wappentier Schwedens. Elche sind die grauen Eminenzen der Wälder, urzeitliche Geschöpfe und die gewichtigsten Einwohner Schwedens. Mit seinem Gewicht von 400 Kilo auf ungeheuer langen, dünnen Beinen empfinden die Schweden den Elch aber eher als Verkehrsproblem, denn etliche tausend Elche fallen dem Straßenverkehr zum Opfer, und wer möchte schon so ein gewaltiges Tier unter Einsatz des eigenen Lebens mit dem

Auto erlegen. Die Besucher des Landes hingegen klauen in ihrer Verehrung des Tiers die Straßenschilder, die vor ihm warnen, und das Geschäft mit Elchprodukten bis hin zu getrockneten Elchhinterlassenschaften läuft gut. Die langbeinigen Geschöpfe kannte übrigens schon Caesar, der noch dachte, Elche hätten keinerlei Fuß- oder Kniegelenke und lehnten sich zum Schlafen gegen einen Baum. Folglich wäre nach dieser Theorie die beste Jagdmethode, einen Baum anzusägen und am nächsten Morgen den gefallenen Elch einfach aufzusammeln. Das würde bei der gegenwärtigen Abschusszahl von 100 000 Tieren pro Jahr allerdings ordentliche Schneisen in die Wälder schlagen.

Viel Raum für wenig Menschen

In dem 450 000 Quadratkilometer großen Schweden (Deutschland: 357 000 Quadratkilometer) kommt der Elch bis auf den äußersten Süden überall vor. Die Verteilung der menschlichen Bewohner Schwedens ist fast umgekehrt gestaltet. Mit nur ungefähr 8,8 Millionen Menschen ist das viertgrößte Land Europas dünn besiedelt. 86 Prozent der Bevölkerung leben in dem Drittel des Landes, das südlich des 61. Breitengrades liegt, im Norden nur 14 Prozent. Dort findet man die Urbevölkerung des hohen Nordens, die Samen oder Lappen. Heute leben in Schweden nur noch 20 000 der ungefähr 70 000 Samen. Der Rest verteilt sich auf Norwegen, Finnland und Russland. Das Leben der Samen, der »Indianer des Nordens«, hat sich grundsätzlich gewandelt. Von der traditionellen Rentierzucht leben nur noch etwa 2000 Samen und es ist auch nicht mehr Aufgabe der gesamten Familie, die Tiere in die Berge zu begleiten. Hubschrauber, Motorschlitten und Funksprechgeräte erleichtern das Hüten der Herden. Schweden ist 1574 Kilometer lang, was der Strecke von Hamburg bis Rom entspricht und 500 Kilometer breit. Es erstreckt sich über mehrere Klimazonen und vier Vegetationszonen von der fruchtbaren schonischen Ackerbauregion bis zur arktischen Tundra in Lappland.

Geografisch aufgeteilt ist Schweden in 25 »landskap« (wörtlich übersetzt: Landschaften) – historisch gewachsene Gebieten. Heutzutage haben sie keinerlei administrative Funktion mehr, aber sie bedeuten weiterhin viel für die Identität der Bevölkerung. Man nennt nicht die Verwaltungsbezirke »län« als Herkunftsbezeichnung, sondern ist eben aus Dalsland oder Schonen. Diese 25 Gebiete sind auf drei Großräume verteilt: Süd-, Mittel- und Nordschweden oder wie man in Schweden sagt: Göta-, Svea- und Norrland.

»So kalt ist es gar nicht«

»Wenn die Leute in Deutschland an Schweden denken, dann denken sie: Schwedenpunsch, furchtbar kalt, Ivar Kreuger, Zündhölzer, furchtbar kalt, blonde Frauen und furchtbar kalt. So kalt ist es gar nicht«, stellt Kurt Tucholsky in »Schloss Gripsholm« fest. Denn aufgrund des Golfstroms hat Schweden durchaus ein gemäßigtes Klima, auch wenn durch die extreme Nord-Süd-Ausdehnung große Witterungsunterschiede bestehen. Während es im Süden schon im Mai sommerlich warm werden kann, schmelzen im hohen Norden zu der Zeit erst die Eisdecken der Seen. Und der Winter ist im Norden natürlich lang, dunkel und schneereich. Dafür verzaubert nördlich des Polarkreises die Mitternachtssonne das Land.

Gutes Klima für Schwedische Tüftler

Diese langen dunklen Winter könnten zumindest eine Erklärung liefern für den besonderen Erfindungsreichtum der Schweden. Was sollen die Leute in dieser Jahreszeit anderes tun als zu Hause zu sitzen und nachzudenken? Erstaunlich viele Patente stammen nämlich aus diesem Land: Es gibt nicht nur Alfred Nobel, den Erfinder unter anderem des Dynamits und Stifter des Nobelpreises, der allein über 350 Patente für sich beanspruchte. Anders Celsius führte die hundertteilige Temperaturskala ein, die Carl von Linné aber erst in unsere heutige Form umwandelte. Carl von Linné, eigentlich bekannt als König der Blumen, brachte Ordnung in die Botanik und führte die zweiteilige Gattungs- und Artbezeichnung ein. Der verstellbare Schraubenschlüssel stammt von dem Schmied und Maschinenbauer Johan Petter Johansson und Rune Elmqvist entwickelte den implantierbaren Herzschrittmacher. Håkan Lans erleichterte den Umgang mit dem Computer durch die nicht mehr wegzudenkende Maus.

Auch an unternehmerischen Ideen mangelt es den Schweden nicht. Man denke nur an das erfolgreiche Bekleidungshaus Hennes och Mauritz (H & M), das neueste Mode preisgünstig hergestellt anbietet. Oder das in Deutschland blau-gelbe Möbelhaus, in dem man preiswerte schwedische Möbel selbst abholen und zusammenbauen kann. Ikea steht mit seinen ersten beiden Buchstaben für den Gründer dieses Möbelhauses: Ingvar Kamprad, geboren in Agunnaryd, einem kleinen Dorf in Småland. Seine große Geschäftsidee war, neben der Preissenkung durch Selbstabholung und Selbstmontage, eine große Menge an Katalogen zu drucken und sie umsonst zu verteilen. Diese Kataloge zeigten seine Möbel in der Umgebung

Das Gustav-Wasa-Schiff verkehrt auf dem 354 Quadratkilometer großen Siljansee in Dalarna. In den kleinen Dörfern rund um den See haben sich Brauchtum und Tradition besonders typisch erhalten.

eines richtigen Heimes und nahmen dem Käufer somit ab, sich vorstellen zu müssen, wie die Möbel im Zusammenhang wirken. Gleichzeitig beeinflusste Ingvar Kamprad durch seine Einrichtungsvorschläge in den Katalogen die Innenarchitektur eines ganzen Volkes. 1989 hatte Ikea dann schon 90 Filialen in 20 Ländern. Ikea in Schweden ist übrigens nicht an der blau-gelben Farbe zu erkennen, sondern man muss nach rot-weißen Möbelhäusern Ausschau halten.

Große Geschichte eines kleinen Volkes

Mag Schweden »keine Pyramiden wie Ägypten, keine Marmortempel, Katakomben und versunkene Städte wie Italien, keine Weingüter wie Frankreich, keine Ritterburgen wie Deutschland und keine Alpen wie die Schweiz« (Alf Henrikson) haben, derjenige tut diesem Land unrecht, der bei Schweden nur an dunkle Wälder, blaue Seen und Elche denkt. Überall sind in der herrlichen schwedischen Natur die Spuren einer bedeutenden Geschichte mit langen Phasen wirtschaftlicher und politischer Vormachtstellung zu finden. Mittelalterliche Kirchen – allein auf der Insel Gotland beträgt deren Zahl fast hundert –, Burgen, Schlösser und Herrenhäuser legen beredtes Zeugnis ab von der bewegten und interessanten Entwicklung Schwedens. Von der Ur- und Frühgeschichte zeugen Grabhügel und Bootssetzungen wie »Ale stenar« in Kåseberga an der Südküste Schonens, der vielleicht prachtvollste Repräsentant einer weit älteren Tradition, in der die Gräber die Fahrt der Verstorbenen ins Totenreich symbolisieren. Waffenfunde und vor allem die geheimnisvollen Felszeichnungen (hällristningar) lassen noch heute die Gelehrtenwelt über die damalige Gesellschaftsstruktur und Götterwelt rätseln. Von anderer Seite werden erstmals durch Tacitus in seiner Germania aus dem Jahre 98 nach Christus Angaben über den hohen Norden gemacht. Er berichtet von einer Vielzahl von Stämmen, die jeweils einem Häuptling oder König unterstellt sind.

Die Wikinger ziehen los

Die Zeit des frühen Mittelalters gehört den Wikingern. Aufgrund gesellschaftlicher oder klimatischer Veränderungen hielt es die skandinavischen Stämme nicht mehr im Norden, sondern sie zogen plündernd, aber auch Handel

Das durch Kurt
Tucholskys »kleine
Sommergeschichte«
bekannt gewordene
Schloss Gripsholm liegt
am Mälarsee in der
Provinz Södermanland.

Das Schloss wurde 1375
als Festung erbaut und
ständig erweitert. In dem
knapp einen Kilometer
entfernten Mariefred liegt
Tucholsky begraben.

treibend bis nach Byzanz. Erster sicherer Beleg für die Taten der Wikinger ist die Plünderung des Klosters Lindisfarne im Jahr 793 vor der Küste Englands. In der ersten Hälfte des 11. Jahrhunderts entstand so das Nordseereich Knuts des Großen, das außer Dänemark und Norwegen auch große Teile Englands umfasste. Noch waren die Schweden Heiden, obwohl schon 830 Ansgar, ein von Kaiser Ludwig dem Frommen ausgesandter Mönch, Birka besuchte, doch in Missionssachen erfolglos zurückkehren musste. Noch waren die germanischen Gottheiten stärker. Erst 1120 konnte sich in Schweden eine feste kirchliche Organisation etablieren.

Das Hochmittelalter ist einerseits gekennzeichnet durch eine rasche Expansion und Entwicklung der Städte und des Bürgertums, durch die Kolonisierung der Waldgebiete und florierenden Handel mit der Hanse. Andererseits prägen Konflikte zwischen Adel und König die Zeit. Ende des 14. Jahrhunderts schlossen sich die drei skandinavischen Reiche Dänemark, Schweden und Norwegen in der Kalmarer Union zusammen. Königin Magarete, bereits Herrscherin über Dänemark und Norwegen, wurde auch Schwedens Königin. Andere Fremdherrscher folgten und langwierige Machtkämpfe des Adels brachten in den folgenden Jahren abwechselnd Dänen und Schweden auf den Thron. Schließlich kam der grausame Däne Kristian II. an die Macht und versuchte mit dem Stockholmer Blutbad 1520 den schwedischen Widerstand zu ersticken. Diese Tat rief den Adeligen Gustav Vasa auf den Plan.

Der legendäre Gustav Eriksson Vasa

Er versuchte auf der Flucht vor den Dänen, die Menschen in Mora in der Landschaft Dalarna zum Widerstand aufzurufen, was ihm zunächst nicht gelang. Also floh er auf Skiern in Richtung norwegischer Grenze. Doch inzwischen hatten sich die Bauern in Dalarna anders besonnen und schickten Vasa ihre besten Skiläufer hinterher, die ihn aber erst nach 89 Kilometern in Sälen einholten. Gustav Vasa führte die Revolution gegen die Dänen an und wurde 1523 in Stockholm zum König gekrönt. In Erinnerung an dieses Ereignis wird der Vasaloppet (Vasalauf) noch heute alljährlich Anfang März veranstaltet, ein sportliches Großereignis mit bis zu 12 000 Skiläufern, die die Strecke von Mora

nach Sälen bewältigen müssen und unterwegs mit blåbärssoppa (Blaubeerensuppe) aufgepäppelt werden.

Vasa vollzog den Bruch mit Rom und reformierte die schwedische Kirche. Damit sanierte er die Staatsfinanzen, da die Besitztümer der katholischen Klöster an den Staat fielen. Die Lutherische Kirche wurde Staatskirche Schwedens, erst seit 1951 gilt Religionsfreiheit.

Großmachtzeit und Gustavianischer Stil

Obwohl die Krone seit Gustav Vasa erblich war, gingen die Machtkämpfe unter den Anwärtern weiter und ebenso der Kampf um die Vormachtstellung im Ostseeraum. Unter Gustav II. Adolf war es dann so weit: Schweden war »die« Großmacht. Im Dreißigjährigen Krieg hatte Schweden siegreiche Heere in Polen, Russland, Deutschland, Österreich und im Baltikum stehen. Unter Königin Kristina, einer ungewöhnlichen Persönlichkeit, die Schweden 22 Jahre regierte, um sich dann aus der Politik zurückzuziehen und zum katholischen Glauben zu konvertieren, gewann man Land durch Friedensschlüsse hinzu. König Karl X. eroberte ursprünglich dänische Gebiete, indem er 1658 über den zugefrorenen Großen Belt Richtung Kopenhagen marschierte. Den Anfang vom Ende der Vormachtstellung besiegelte der Feldzug Karls XII. gegen Russland. In der Folgezeit wurde die Macht des Königs immer mehr beschränkt zugunsten eines starken Ständeparlaments.

Während Schweden außenpolitisch eine immer unbedeutendere Rolle spielte, erlebten Wirtschaft, Wissenschaft und Kultur im 18. Jahrhundert eine Blüte. Es war die Zeit von Anders Celsius und Carl von Linné. Unter dem kunst- und kulturbeflissenen König Gustav III. erreichte das kulturelle Leben einen Höhepunkt mit Carl Mikael Bellmanns Liedern, dem gustavianischen Stil und der Förderung der Theater- und Opernkunst. 1792 wurde Gustav III. bei einem Maskenball ermordet, was aber nicht das beabsichtigte Ende der Monarchie nach sich zog. 1810 wählte der Reichstag sogar den Franzosen und früheren Marschall Napoleons Jean-Baptiste Bernadotte zum König, da es aus eigenem Hause keinen Nachfolger gab.

Schweden in der Neuzeit – der Traum vom Wohlfahrtsstaat

Infolge einer rasanten Bevölkerungszunahme gab es im 19. Jahrhundert mehrere Auswanderungswellen, gleichzeitig setzte die Industrialisierung ein und in mehreren Parlamentsreformen wurde das Ständeparlament durch ein

Handöl ist eine typische kleine Siedlung mit roten Holzhäusern in Jämtland, der größten Provinz Mittelschwedens, deren Landschaft von Seen, Flüssen und Bergen bestimmt wird.

Zwei-Kammern-Parlament ersetzt. Nachdem Anfang des 20. Jahrhunderts das allgemeine Wahlrecht eingeführt wurde und Schweden aufgrund seiner neutralen Haltung die beiden Weltkriege überstanden hatte, wurde ab 1940 von der sozialdemokratischen Regierung daran gearbeitet, den Traum vom »folkhem« (Volksheim), in dem alle Bürger unabhängig von der Leistung ohne materielle Sorgen leben können, zu verwirklichen. Von der Wiege bis zur Bahre sollte im viel gerühmten »schwedischen Modell« der Mensch von Vater Staat versorgt werden.

In diesem Sicherheit versprechenden Staatsmodell erschütterte Schweden, das seit 200 Jahren keinen Krieg mehr geführt hatte, ein Mord. Am 28. Februar 1986 um 23.21 Uhr wurde der Regierungschef Olof Palme vor einem Kino in Stockholm erschossen. Wilde Spekulationen über ein Attentat einer Verschwörergruppe der schwedischen Rüstungsindustrie, über Israelis oder Kurden, die CIA oder rechtsradikale Gruppen der schwedischen Polizei wurden angestellt, da der Tatverdächtige Christer Pettersson zwar zunächst festgenommen, dann aber freigesprochen wurde. Noch Jahrzehnte später ist dieser Mord immer mal wieder Thema schwedischer Zeitungsschreiber, eine endlose Geschichte über Politik, Polizei und Pannen bei der Suche nach dem Mörder.

Doch der Mord an Olof Palme konnte den Glauben an das »schwedische Modell« nicht erschüttern. Bis Anfang der Neunzigerjahre wurde mit Wohngeld, staatlicher Krankenversorgung, Altersrente, Bildungsreform usw. am Wohlfahrtsstaat gebastelt, dann jedoch holte die Wirklichkeit Schweden mit rückläufigen Steuereinnahmen, steigenden Sozialausgaben und hoher Arbeitslosigkeit ein. Die Folge waren rigorose Sparpakete, aber keinesfalls der völlige Zusammenbruch des Systems.

Nicht zu vergessen ist im Schweden des 20. Jahrhunderts die Königsfamilie, obwohl sie nicht mehr so recht zu passen scheint zu dem modernen Wohlfahrtsstaat mit dem Gedanken der Gleichheit aller und zu den im 20. Jahrhundert mit kurzen Unterbrechungen regierenden Sozialdemokraten. Doch auch wenn das nominelle Staatsoberhaupt der Schweden, seit 1973 Karl XVI. Gustav, heutzutage nur mehr repräsentative Aufgaben hat und die politische Macht beim Parlament liegt, ist die Beliebtheit des Königshauses, dessen Königin seit 1976 die auf den bürgerlichen Namen getaufte Deutsche Silvia Sommerlath ist, ungebrochen.

Typisch Schwedisch

Schweden hat seine Widersprüche, sei es im Nebeneinander von Sozialdemokratie und konstitutioneller Monarchie, im Nebeneinander von fanatischer Naturliebe beziehungsweise Hang zum einfachen Leben auf dem Lande und Fortschrittsglauben. Wie soll man sonst erklären, dass die Schweden mit Begeisterung den Sommer in ihren Landhäusern verbringen, in denen der sanitäre Komfort sich möglicherweise auf ein Plumpsklo und kaltes Wasser beschränkt, sie aber andererseits Spitzenreiter bei der Nutzung von Computer, Internet und Mobiltelefonen sind? Oder etwa beim Thema Alkohol: Auch nach dem Beitritt Schwedens zur Europäischen Union 1995 nimmt Schweden in Bezug auf Alkohol eine Sonderstellung ein. Noch immer wird er nur in bestimmten staatlichen Geschäften, die Apotheken ähneln, verkauft. Systembolaget oder kurz Systemet heißen diese Läden, die samstags und sonntags geschlossen bleiben. Die hohe Steuer macht Wein, Bier und Schnaps fast unerschwinglich, trotz allem gibt es lange Warteschlangen, und Schweden trinken vor allem am Wochenende nicht weniger als andere Europäer.

Das »allemansrätten« – altes schwedisches Recht

Was macht Schweden außer seiner viel gerühmten Natur eigentlich so besonders und liebenswert, was ist typisch schwedisch? Ganz sicher sind es nicht die blonden Frauen, ein Klischee, das schon seit Jahren als überholt angesehen werden muss. Es sind die Kleinigkeiten, auf die die Schweden so stolz sind und die es nirgendwo anders gibt, wie zum Beispiel das »allemansrätten«. Das Jedermannsrecht ist ein schwedisches Recht, das einzigartig und uralt ist. Dieses Recht besagt, dass jedermann sich frei in der Natur bewegen darf, auch wenn Wald oder Seeufer Privatbesitz sind. Das heißt natürlich nicht, dass man sein Zelt ungefragt zwischen den Vorgartenbeeten aufstellt, ein vernünftiger Umgang mit dieser Freiheit sich überall aufhalten zu dürfen, wird vorausgesetzt. Man fragt selbstverständlich um Erlaubnis, wenn man in der Nähe von Häusern sein Lager aufschlägt, entfacht nur an sicheren Stellen Feuer und verhält sich verantwortungsvoll gegenüber der Natur.

In der Sprache gibt es ebenso gewisse Besonderheiten, die ganz eigen sind. Tonfall und Aussprache unterscheiden sich von den anderen germanischen Sprachen, wie schon Tucholsky in »Schloss Gripsholm« beschrieb: »Bei den Schweden wohnt die Sprache weiter hinten,

Steil fällt die Küste
bei Lickershamn, einem
kleinen Hafen und
Fischerdorf auf Gotland,
zum Meer hin ab. Hier
finden sich auch viele
Raukar, fantastisch
geformte Felssäulen
riffbildender Fossilien.

und dann singen sie so schön dabei ...« In Schweden duzt man sich nach wie vor, auch wenn es in letzter Zeit Tendenzen gibt, das förmlichere »ni« (Sie) wieder häufiger zu verwenden. Typisch schwedisch ist zum Beispiel das Wörtchen »lagom«, was ungefähr so viel bedeutet wie »gerade recht« oder »angemessen«. »Lagom« ist ein Wort, das weder positiv noch negativ ist, aber jeder Situation angemessen. Wichtiger ist jedoch noch ein anderes schwedisches Wort: »tack«. Dieses Wort samt seinen Verwandten bildet eine Besonderheit im sprachlichen Umgang miteinander. Man sollte als Besucher aufpassen, um in allen erforderlichen Situationen das allgegenwärtige »tack« nicht zu vergessen. In Schweden dankt man nämlich immer für alles. Man dankt für das Essen (tack för maten), man bedankt sich für die angenehme Gesellschaft (tack för sällskapet), für Aufmerksamkeiten und wenn man etwas ausgeliehen hat (tack för lånet). Sogar, wenn man jemanden auffordert etwas zu tun, stellt man ein Dankeschön voran. Man verwende dieses kleine Wörtchen »tack« also lieber einmal zu viel als zu wenig.

Apropos Umgang miteinander, man vergesse nie, vor dem Betreten einer schwedischen Wohnung oder eines schwedischen Hauses die Schuhe auszuziehen. Mag diese Sitte daher kommen, dass man auf dem Lande die vielleicht häufiger verdreckten Fußbekleidungen auszog oder dass die schwedischen Behausungen des dunklen Winters wegen oft mit hellem Bodenbelag ausgekleidet sind – es empfiehlt sich diese Regel zu beherzigen, nicht ohne vorher die Socken auf Löcher überprüft zu haben.

Seite 24/25:
Abendliche Ruhe auf dem
Birger Jarls Torg auf der
zur Gamla Stan gehören-
den Insel Riddarholmen in
Stockholm. Außer einem
Rest der Stadtbefestigung
des 15. Jahrhunderts
finden sich hier vor allem
prächtige Adelspaläste,
das alte Reichstags-
gebäude und einige
Gerichtshöfe.

Seite 22/23:
Als dritte Landesfarbe
könnte man schon fast
die rote Farbe der Holz-
häuser bezeichnen. Dieser
Bauernhof bei Brohult in
Småland ist ganz tradi-
tionell in Falunröd mit
weißen Fenster- und
Türrahmen gestrichen.

Südschweden – Kornkammer, Glasreich und schwedische Riviera

Südschweden, auch Götaland (Land der Goten) genannt, nimmt das südliche Drittel Schwedens mit den Inseln Öland und Gotland ein. Dort in Schonen beginnt die Reise des kleinen Nils Holgersson. Vom Rücken der Gänse sieht Nils »nichts weiter als Viereck an Viereck«, »ein großes, gewürfeltes Tuch«. Die Form der Äcker prägt heute noch die Kornkammer Schwedens, aus der ein Drittel aller Agrarprodukte stammt. Hier liegt auch die drittgrößte Stadt Schwedens, Malmö am Öresund, gegenüber Kopenhagen, und bildet den Brückenkopf zu Europa. Nordöstlich von Schonen schließt sich die Landschaft Blekinge an, mit ihrem reichen Obstanbau auch der Garten Schwedens genannt. Småland ist trotz seines Namens (små = klein) die größte Landschaft in Südschweden. Von Wassern begrenzt, im Osten von der Ostsee, vor deren Küste Öland liegt, im Nordwesten von den beiden großen Seen Vänern und Vättern, bietet Småland großartige Natur und zugleich machen es die vielen Glashütten zwischen Växjö und Nybro zum Glasreich Schwedens.

Auf Gotland, das eine eigene Landschaft darstellt, spiegeln imposante Kirchen die bewegte Geschichte der Insel, die erst vor etwas mehr als dreihundert Jahren an Schweden fiel. Richtung Norden gelangt man in die Landschaft Östergotland, ein flaches Gebiet zwischen der Ostsee und dem Vätternsee, das Småland landschaftlich ähnelt.

Zurück an der Westküste ist Halland Schonens Fortsetzung am Kattegat. Mit den Küstenstädten Varberg, Falkenberg und Halmstad sowie vielen Badeorten an Sandstränden gehört Halland und das sich anschließende Bohuslän zur »schwedischen Riviera« an der Westküste des Kattegat und Skagerrak. Bohuslän, dessen Name von der eindrucksvollen Festung Bohus stammt, reicht bis an die norwegische Grenze und macht mit der zweitgrößten Stadt Schwedens, Göteborg, der Hauptstadt Konkurrenz.

Im Landesinneren schließt sich Dalsland mit ursprünglichen Wäldern und Seen an. Västergötland liegt östlich der beiden Küstenlandschaften Halland und Bohuslän zwischen Vänern und Vättern, wo viele Grabhügel und andere Grabstätten aus der Bronzezeit frühe Besiedlung bezeugen.

Seite 28/29:
Ein Jahrtausendbauwerk ist die im Jahr 2000 fertiggestellte Brücke über den Öresund, die Kopenhagen und Malmö verbindet. Die längste Schrägseilbrücke der Welt macht Malmö zum Brückenkopf Schwedens nach Europa.

Unten:
Das Rathaus am Stortorg von Malmö wurde 1546 erbaut, aber mehrfach verändert. 1864 wurde es im holländischen Renaissancestil umgebaut.

Ganz unten:
Der Stortorg (»großer Markt«) von Malmö mit seinen historischen Häusern zählt zu den größten Plätzen Nordeuropas und wurde 1530 angelegt, als der »kleine Markt« nebenan dem Handelsaufkommen nicht mehr gewachsen war.

Links:
Malmöhus Slott, das Schloss von Malmö, beherbergt heute nach einer wechselvollen Geschichte mehrere Museen. 1434 ließ Erik von Pommern bereits eine Burg anlegen, die Kristian III. durch ein mit Wassergraben umgebenes Schloss ersetzen ließ. Im 16. Jahrhundert fanden hier zahlreiche Hexenprozesse statt und das Schloss diente lange Zeit als Gefängnis, bevor es in der Neuzeit friedlicheren Bestimmungen zugeführt wurde.

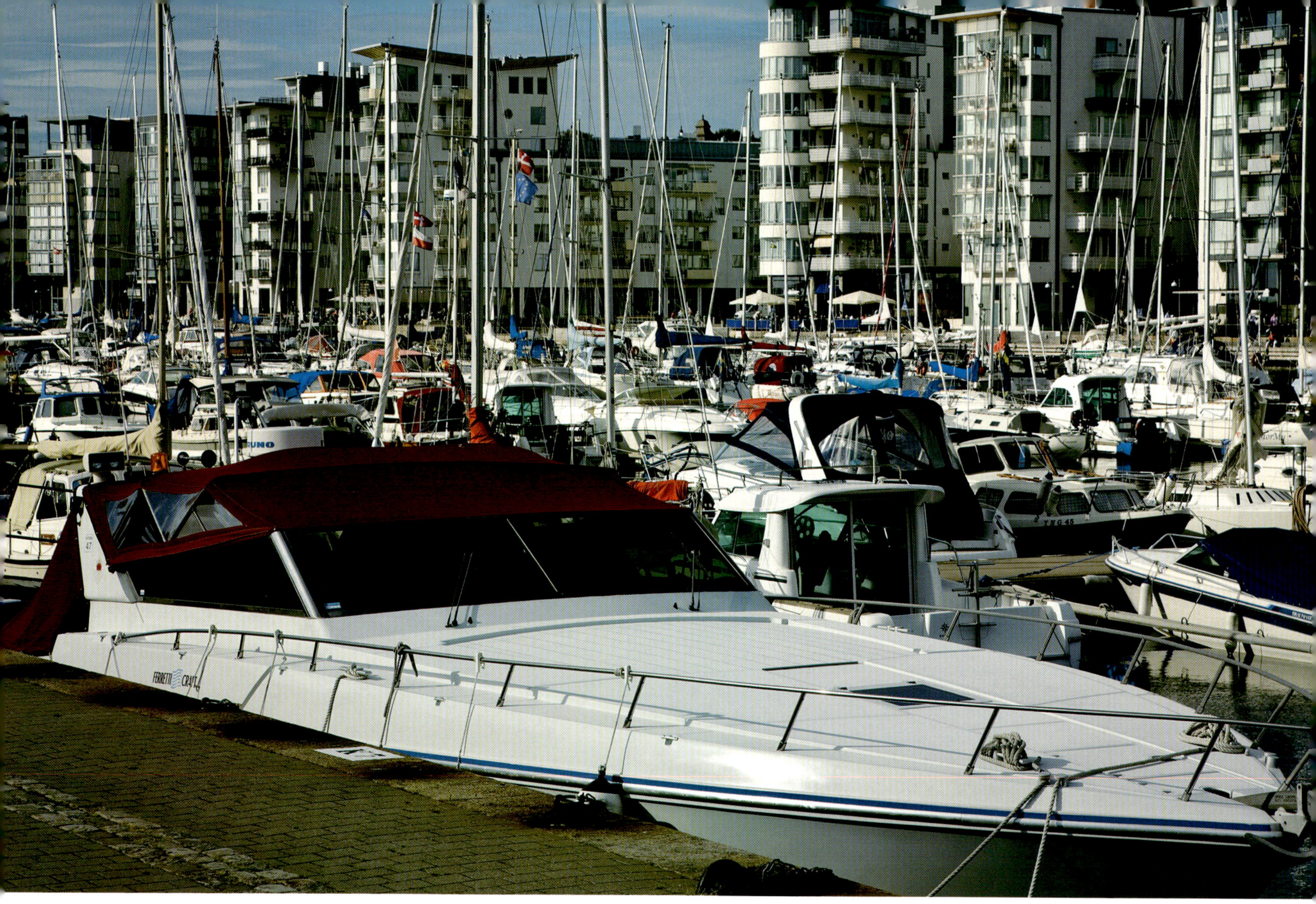

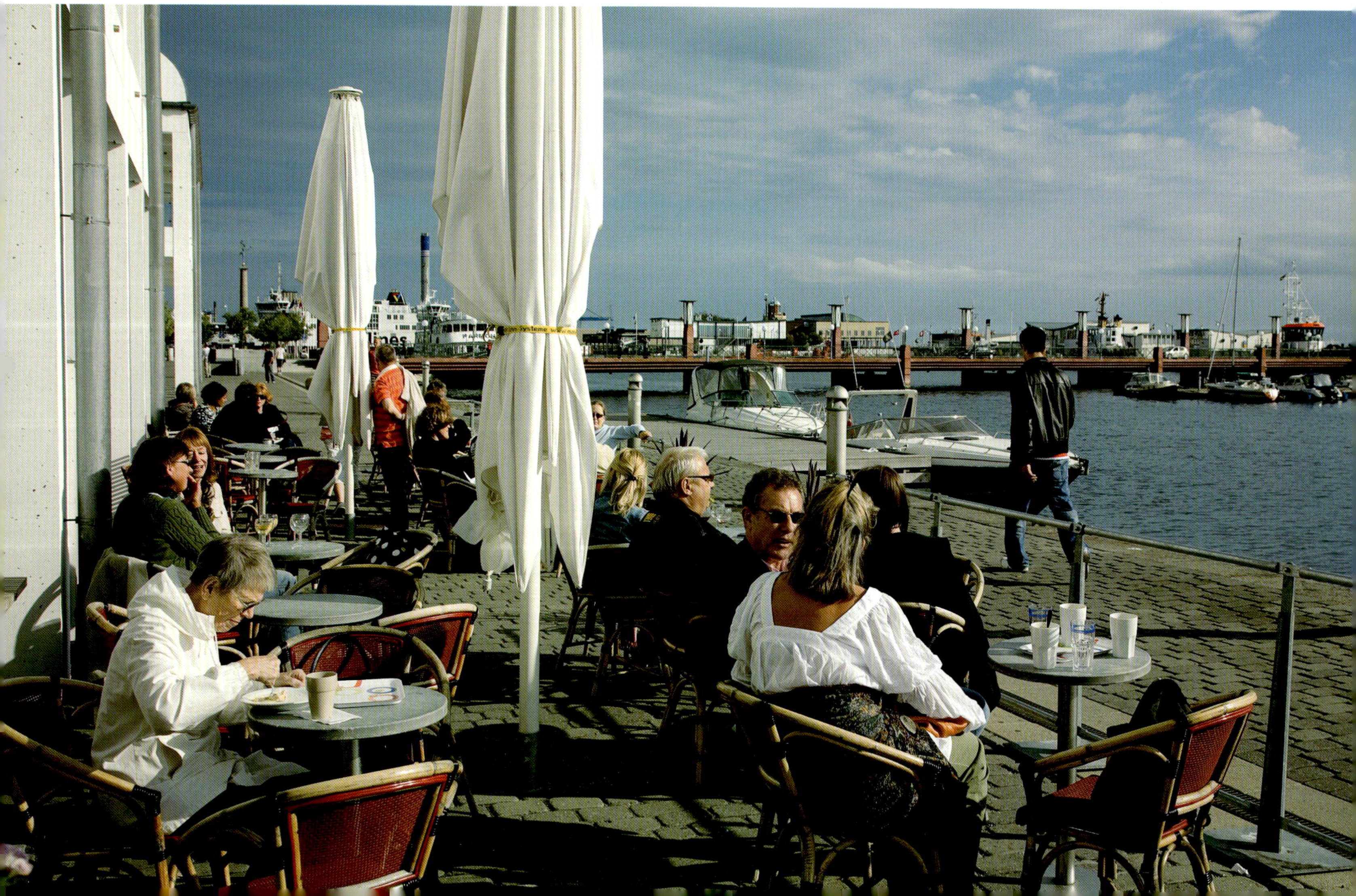

e 32/33:
der Fähre erblickt
Helsingborg oft als
e Stadt in Schweden,
an der schmalsten
le des Öresund liegt.
singborg ist nach
eborg der bedeu-
dste Fährhafen und
h Göteborg die
eutendste Hafenstadt
Landes.

s oben und unten:
h Helsingborg ist längst
r die alten Stadtgrenzen
nusgewachsen und so
um der Expansion
echt zu werden, im
dhafen im Rahmen der
nitekturausstellung H99
neues Viertel entstan-
. Um den Yachthafen
den Häuser mit hellen
gen Wohnungen
chtet, die einen
derbaren Blick auf das
sser bieten. Entlang
Kai Norra Hamnen
n man sich in eines der
és setzen und das
nmen und Gehen der
elboote beobachten.

Rechts:
90 Meter schraubt sich
Skandinaviens höchstes
d spektakulärstes Büro-
gebäude in den Himmel
über Malmö. Der vom
nischen Stararchitekten
Santiago Calatrava ent-
worfene „Turning Torso"
erkörpert eindrucksvoll
en Wandel der früheren
eiterstadt zum modernen
Dienstleistungszentrum
des 21. Jahrhunderts.

Unten:
*Das Bosjökloster liegt
auf einer Halbinsel im
Ringsjö-See, die ursprüng-
lich eine richtige Insel war.
Das Kloster wurde 1080
von Benediktinerinnen
gegründet, während der
Reformation aber von der
Krone enteignet.*

Rechts:
*Der Altar der Kirche des
ehemaligen Bosjöklosters
in Schonen zeigt die
Kreuzigung Christi.*

Links:

Ales Stenar bei Kåseberga ist die größte Steinsetzung Skandinaviens in Schiffsform. 67 Meter in der Länge und 20 Meter in der Breite misst dieses »Schiff«. Wikinger haben vermutlich die 58 zum Teil mehr als zwei Meter hohen Granitblöcke aufgestellt. Die Funktion dieser beeindruckenden frühzeitlichen Stätte ist allerdings ungeklärt.

Oben:

Das Bosjökloster am Ringsjö ist von einem wunderschön angelegten Park umgeben, in dem unter anderem eine tausendjährige Eiche steht.

Rechts:
Die alte Universitätsstadt Lund ist ein kulturelles Zentrum in Südschweden und dies nicht nur wegen der zahlreichen Buchläden und Antiquariate.

Unten:
Die Krypta des Doms zu Lund, geweiht 1123, ist der älteste Bestandteil des größten romanischen Bauwerks in Nordeuropa. Die Decke wird von 28 verschieden gestalteten Steinsäulen getragen, von denen eine den Riesen Finn darstellen soll, nach der Legende der Erbauer des Doms.

Oben:
Der Dom in Lund wurde im Jahr 1145 geweiht, danach aber noch mehrmals umgebaut. Seit 1103 war Lund Erzbistum und lange Zeit das geistliche und kulturelle Zentrum des Nordens. Im 14. Jahrhundert gab es in Lund 27 Kirchen und sieben Klöster.

Links:
Das Hauptgebäude der Universität von Lund entstand um 1880. Die größte Universität Nordeuropas wurde aber schon 1668 gegründet, zehn Jahre nachdem Schonen zu Schweden gekommen war, unter anderem, um die Region besser »schwedisieren« zu können.

Kleine Bilder rechts:
Neben den großen Seen Helgasjön bei Evedal (ganz unten), Åsnen und Bolmen stehen Wassersportlern und Anglern unzählbare kleinere Seen, die oft nicht einmal einen Namen haben, in Småland zur Verfügung. Man kann aber statt Sport zu treiben auch einfach nur die wunderbare Stille und Stimmung genießen, zum Beispiel am Möckelnsee (oben und Mitte).

Links unten:
Im Huseby-Bruk-Freilic
museum in Småland
wurde ursprünglich Eis
gewonnen. Der erste O
zur Roheisengewinnun
wurde 1628 gebaut. Au

Links oben:
Ein ungewöhnliches
Schaufenster in einem der
alten Gebäude des Huseby-
Bruk-Freilichtmuseums.

Andere Häuser des
Museums, das in einem
herrlichen Park liegt,
werden von Kunst-
handwerkern genutzt.

sem Eisen wurden
useby nicht nur
schinen, Turbinen
Öfen hergestellt,
dern auch die ersten
ustriell gefertigten
rräder Schwedens.

Unten:
Zu einem typischen
schwedischen Holzhaus
gehört eine überdachte
Veranda vor der Haustür,

damit man seine
schmutzigen Schuhe
draußen ausziehen
kann, wie es heute
noch üblich ist.

Unten:
*Hier wird die Bullerbü-
Idylle Wirklichkeit.
Sevedstorp war das Vorbild
für Astrid Lindgrens Kinder-
buch »Wir Kinder aus*

*Bullerbü« – der Vater der
Schriftstellerin verbrachte
seine Jugend in dem
mittleren der drei neben-
einander stehenden Höfe.*

Rechts oben:
*Auch die Filme »Die
Kinder aus Bullerbü«
wurden in Sevedstorp*

*gedreht und prägten
das Schwedenbild
großen und klei
Astrid-Lindgren-Fo*

Rechts Mitte:
Hauptattraktion der smålandischen Kleinstadt Vimmerby, in der Astrid Lindgren 1907 geboren wurde, ist der Vergnügungspark Astrid Lindgrens Värld. Hier sind die Schauplätze aus ihren Geschichten im Maßstab von 1:3 nachgebaut.

Rechts unten:
Natürlich darf Pippi Langstrumpfs Villa Kunterbunt, beziehungsweise auf schwedisch »Villa Villekulla«, in Astrid Lindgrens Värld in Vimmerby nicht fehlen.

Schwedische Literatur – Von Strindberg bis Mankell

Auch wenn es mit Runensteinen schon äußerst frühe Ansätze zur Verschriftlichung von Sprache gibt, entwickelte die schwedische Literatur erst in den letzten zwei Jahrhunderten ihre Wirkung über die Grenzen Skandinaviens hinaus. Neben dem Norweger Henrik Ibsen ist August Strindberg (1849–1912) der meistgespielte Dramatiker des Nordens. Der Sohn einer Dienstmagd – seine Autobiografie hieß auch »Tjänstekvinnas son« – zog in seinen gesellschaftskritischen Theater- und Prosastücken über Politik, Kunst und Frauenemanzipation her. Mit seiner zunächst naturalistischen, später symbolistisch-mystischen Dramatik beeinflusste er nachhaltig die Entwicklung des modernen Dramas. Im Gegensatz zu Selma Lagerlöf hat Strindberg den Nobelpreis für Literatur nie erhalten.

Bekannt wurde die Volksschullehrerin aus dem Värmland, Selma Lagerlöf (1858–1940), mit »Gösta Berlings Saga« (1891), einem historischen Sittenbild. Ihr bekanntestes und beliebtestes Buch ist jedoch »Die wunderbare Reise des kleinen Nils Holgersson mit den Wildgänsen«, das eigentlich als unterhaltsames Geografieschulbuch für Neunjährige über Schweden – von Schonen bis zum Kebnekaise in Lappland und zurück – geplant war. Für das daraus entstandene pädagogische und literarische Meisterwerk, das gleichzeitig ein klassischer Entwicklungsroman über den kleinen, zunächst garstigen und später geläuterten Nils Holgersson ist, erhielt Selma Lagerlöf 1909 den Nobelpreis.

Strindberg und Lagerlöf sind zwar bekannt und berühmt, doch kaum jemand wird so viel gelesen und hat so sehr das Bild Schwedens geprägt wie Astrid Lindgren (geboren 1907 bei Vimmerby in Småland, gestorben 2002 in Stockholm), eine der erfolgreichsten Kinderbuchautorinnen aller Zeiten. Wer kennt nicht ihre Figuren Pippi Langstrumpf aus der Villa Kunterbunt, Michel aus Lönneberga, der in Schweden übrigens Emil heißt, Karlsson vom Dach, Ronja Räubertochter und die Brüder Löwenherz. Wer denkt bei Schweden nicht zuerst an die liebevoll beschriebene Schärenwelt in den »Ferien auf Saltkrokan« oder an die Idylle der Höfe in Bullerbü und Katthult in Småland. Ein zeitgenössischer Kinderbuchautor und vor allem Illustrator, Sven Nordqvist (geboren 1946 in Helsingborg) begeistert mit seinen detailreichen Bildergeschichten vom frechen Kater Findus und dem alten Schweden Pettersson Kinder und Erwachsene so sehr, dass diese Geschichten sogar vor einigen Jahren als Zeichentrickfilm herausgekommen sind.

Schwedische Krimis

Auch in einem ganz anderen Genre spielt Schweden keine unbedeutende Rolle. Waren es in den Siebziger- und Achtzigerjahren die Kriminalromane von Maj Sjöwahl und Per Wahlöö mit ihrem Polizistenteam um den melancholischen Kommissar Beck, die die gesellschaftlichen Missstände dieser Zeit in Schweden thematisierten, so hat heutzutage Henning Mankell, geboren 1948 in Härjedalen, mit seinem von menschlichen Gebrechen und Selbst- und Gesellschaftszweifeln geprägten Kommissar Wallander seinen festen Platz in den Bestsellerlisten.

Bereits in den Sechzigerjahren machte sich die Kriminalschriftstellerin Kerstin Ekman mit ihren differenzierten Menschen- und Milieustudien einen Namen. Starke Frauen stehen im Mittelpunkt ihres Romanzyklus »Hexenringe«, der Einblick in die Zwänge der Lebenswelt der kleinen Leute gibt und als bedeutendstes Epos der jüngsten schwedischen Geschichte gilt. Kerstin Ekman wurde 1978 sogar Mitglied der Schwedischen Akademie, eine Auszeichnung, die vorher nur zwei anderen Frauen zuteil wurde.

Das mit 8,8 Millionen relativ kleine Volk der Schweden stellt im Vergleich zu anderen viele Literaturnobelpreisträger: allen voran Selma Lagerlöf, die Lyriker Verner von Heidenstam und Erik Axel Karlfeldt sowie den Expressionisten Pär Fabian Lagerkvist und die nach Schweden emigrierte Dichterin Nelly Sachs, die in Berlin geboren wurde.

Oben:
Astrid Lindgren mit ihren Eltern, Hanna und Samuel August, und ihren drei Geschwistern; (von rechts) Gunnar, Stina, sie selbst und die kleine Ingegerd auf den Knien des Vaters. Sie wurde nahe Vimmerby in Småland geboren und erzählt in ihren Geschichten nicht direkt aus ihrer Kindheit, doch wurden viele davon durch die Erzählungen ihres Vaters inspiriert. Wie kein anderer Schriftsteller hat sie das Schwedenbild durch ihre Kinderbücher geprägt, obwohl sie erst im Alter von 37 Jahren zu schreiben begann.

Oben:
Das Arbeitszimmer von Selma Lagerlöf auf dem Gut Mårbacka blieb als Gedenkstätte für die Nobelpreisträgerin für Literatur unverändert erhalten. Der Gutshof, auf dem Selma Lagerlöf 1858 geboren wurde, hatte nach dem Tod ihres Vaters verkauft werden müssen, doch nach ihren schriftstellerischen Erfolgen kaufte ihn Selma Lagerlöf zurück und lebte dort bis zu ihrem Tod im Jahre 1940.

Rechts oben:
Selma Lagerlöf erhielt 1909 den Nobelpreis für Literatur. Mit ihrem Roman »Gösta Berlings Saga«, einem historischen Sittengemälde, wurde sie bekannt, berühmt jedoch für die Geschichte vom kleinen Nils Holgersson und seiner Reise mit den Wildgänsen.

Rechts Mitte:
Eyvind Johnson erzählt in seinem Roman »Olof«, mit dem ihm der schriftstellerische Durchbruch gelang, von seiner Heimat Norbotten, wo er 1900 geboren wurde. Seine zu den meistgelesenen und politisch wichtigsten Werken der schwedischen Literatur gehörenden Bücher stehen unter dem Einfluss des Joyceschen Bewusstseinsromans.

Oben:
August Strindberg an seinem Schreibtisch in Lund im Jahre 1897. Mit Strindberg hatte Schweden seinen ersten Großstadtdichter, der die Natur und Landschaft seiner Heimat mit in seine Werke aufnahm und auf viele Dichter der nachfolgenden Generationen wirkte – unter anderem auch auf Friedrich Dürrenmatt und Peter Weiss.

Kleine Bilder unten:
Das schwedische
»Glasriket« (Glasreich)
liegt in Småland zwischen
Nybro und Växjö. In
über elf »glasbruk«
(Glashütten) kann man

den Glasbläsern über
die Schulter sehen, hier
bei Kosta Boda, und
schwedische Glaskunst
erwerben, die heute
Inbegriff hochwertigen
Designs ist.

Ganz unten:
Nahe Boda kann man in
Lessebo eine weitere alte
Handwerkstradition des
Småland ergründen. In der
alten »handpappersbruk«

(Papierfabrik) kann man
bei der Produktion
zusehen und hand-
geschöpftes Briefpapier,
Schmuckbogen und
Aquarellpapier kaufen.

Kleine Bilder unten: An die große Zeit des Streichholzes Ende des 19. Jahrhunderts erinnert das Tändsticksmuseet (Streichholzmuseum) in Jönköping, das sich in der ältesten erhaltenen Streichholzfabrik von 1848 befindet. Die manuelle Fertigung wurde 1890 auf Maschinen umgestellt. Erst 1971 wurde die Fabrik in Jönköping stillgelegt.

Ganz unten: Die Gebrüder Lundström erfanden die Streichhölzer und machten Jönköping zur Zündholzstadt. Das Streichholzmuseum zeigt die Geschichte des weltberühmten Jönköpinger Holzes, zu dessen Geschichte auch Schächtelchen und Etiketten gehören, die in Heimarbeit gefertigt wurden.

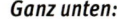

Seite 50/51:
Der Jungfruklint bei
Lickershamn auf Gotland
ist Zeuge der Erosion
durch die Ostsee. Mit
sieben Metern Höhe ist
der Jungfruklint (Jung-
frauenfelsen) der größte
Raukar der Insel.

Unten:
Lickershamn an der
Nordostküste von Gotland
ist ein altes Fischerdorf,
von dessen Hafen auch
heute noch Fischerboote
ausfahren.

Rec
Nicht nur die Raukar loh
einen Besuch der Küste
Lickershamn auf Gotl
In den verschwiege
Buchten des Kieselstran
kann man noch Fossil
Relikte von 400 Millio
Jahre alten Mee
bewohnern, finc

Rec
Auf der mit 139 Quad
kilometern größ
gotländischen Trabant
insel Fårö findet man
größte Ansammlung
bizarren Felsformation
die sogenannten Rau
hier bei Langhamn

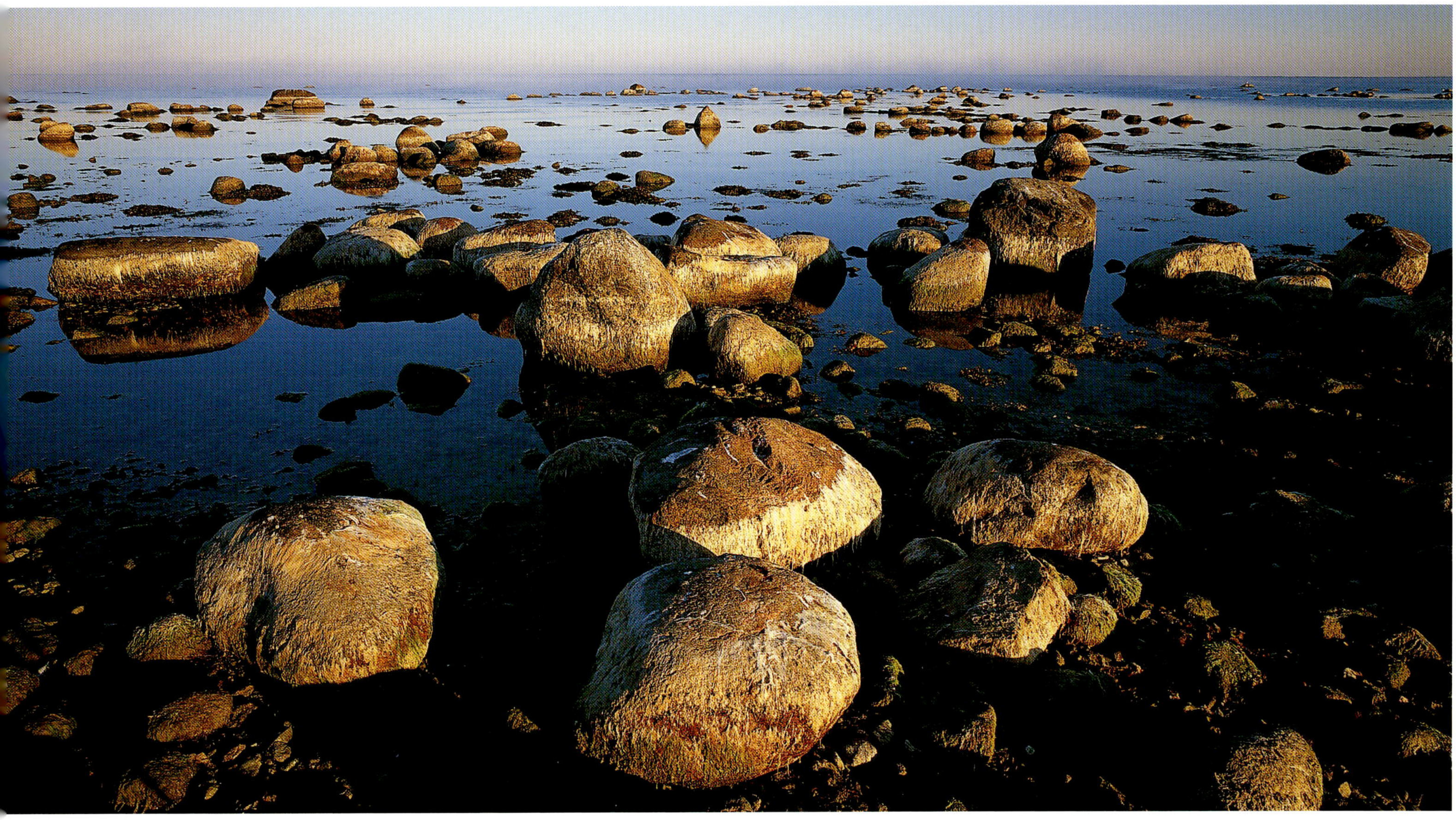

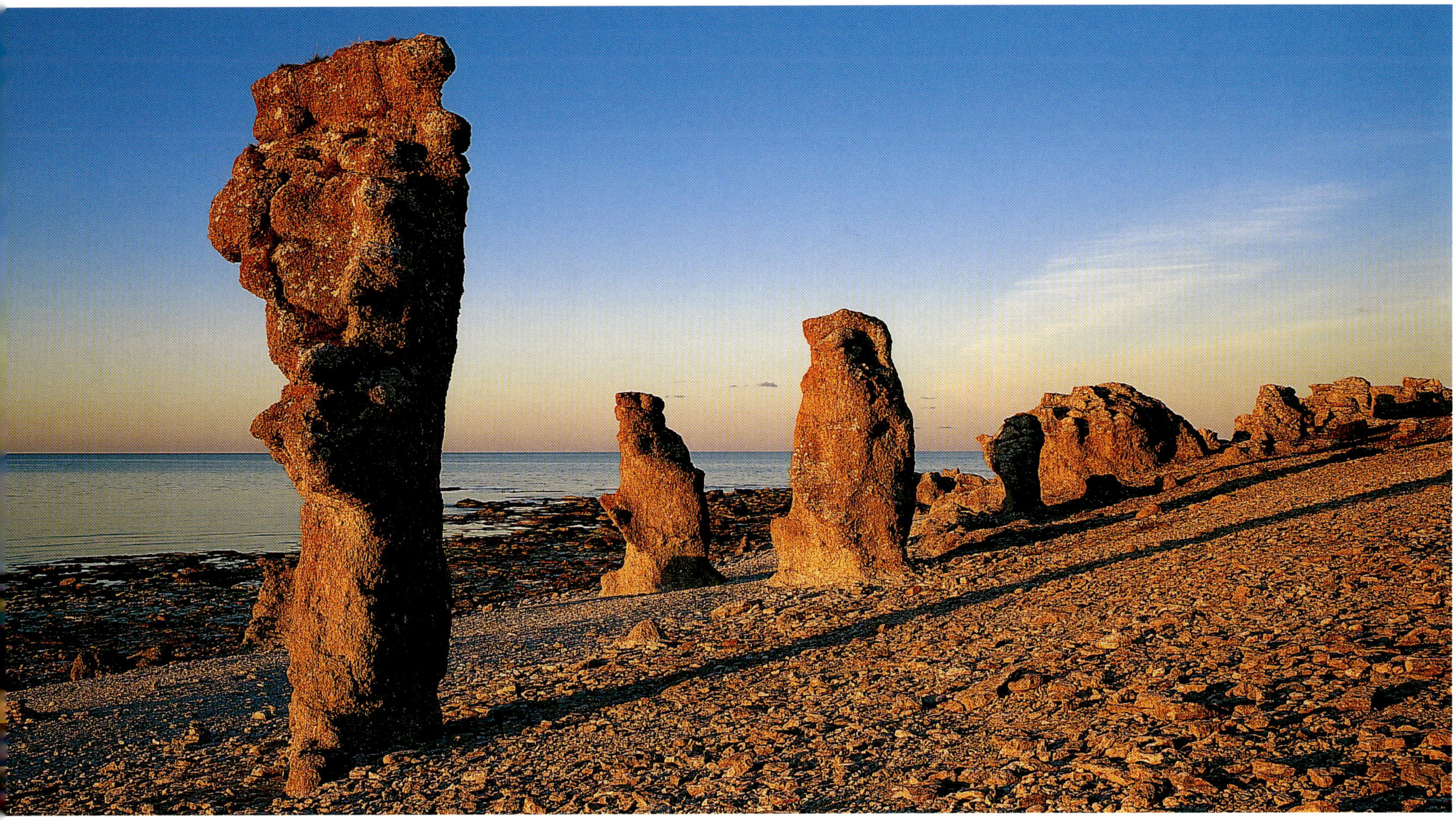

Rechts:
In erster Linie lebte Gotland mit seinem fruchtbaren Boden von der Landwirtschaft, was sich auch auf die erhaltenen Kulturdenkmäler ausgewirkt hat. Neben alten Bauerngehöften prägen Windmühlen, wie hier auf der Insel Fårö im Norden von Gotland, die Landschaft.

Unten:
Der Blick auf Hallshuk zeigt die großartige einsame Lage des Fischerdörfchens an der äußersten Nordwestspitze von Gotland. Hallshuk liegt am nördlichsten Punkt des Hallhangvar-Naturreservats.

Oben:
Die Gotländer waren von ihrem Verständnis her eher Bauern als Fischer und übten die Fischerei nur als saisonales Nebengewerbe aus. So sind die auf Gotland häufig zu sehenden »fiskeläge« nicht im eigentlichen Sinn Fischerdörfer, sondern eher eine Ansammlung von Geräteschuppen, die in den 50er-Jahren oft aufgegeben wurden.

Links:
Historische Gehöfte auf Gotland zeugen von der wichtigen Rolle der Landwirtschaft auf der größten Insel der Ostsee. Noch heute liegt die Prozentzahl der in der Landwirtschaft Beschäftigten deutlich über dem Landesdurchschnitt.

ASEN –
DIE ALTEN NORDISCHEN GÖTTER

Für unser Wissen um die alten germanischen Götter ist Skandinavien besonders wichtig. Denn im 8./9. Jahrhundert waren fast alle Völker Europas Christen, allein im hohen Norden gab es noch Heiden, deren Götter nicht den Frieden brachten, sondern für Kampf und Streit standen und von den Menschen blutige Opfer verlangten. Man erklärt sich diese Eigenart der Götter damit, dass sich in ihren Mythen und Geschichten der kriegerische Alltag der germanischen Völker insbesondere während der Völkerwanderungen widerspiegelt. Da in Skandinavien, weit weg von Rom, die Christianisierung erst im 10. Jahrhundert einsetzte, finden sich hier viele Zeugnisse der damaligen Götterwelt.

Die Edda von Snorri Sturluson
Eine Quelle der germanischen Mythen ist die sogenannte Lieder-Edda, eine Handschrift des 13. Jahrhunderts. Eine zweite wichtige Grundlage ist die Prosa-Edda des Isländers Snorri Sturluson, quasi ein Lehrbuch der germanischen Mythologie, mit dem Sturluson die Kenntnisse seiner Zeitgenossen auffrischen wollte.
Das wichtigste Göttergeschlecht waren die Asen, die überaus menschliche Züge trugen, Ränke schmiedeten, miteinander im Wettstreit lagen, das Feiern und Trinken liebten und gegen ihre Feinde, die Riesen, die Trolle und die gefährliche Midgårdschlange Jörmundgand kämpften. Der Sitz der Götter war Asgård, das Reich der Asen, in dem sich die Wohnsitze der Götter befanden, wie zum Beispiel Wallhalla, der Hof Odins, oder Bilskirnir, die Halle Thors. Das Weltbild der Germanen war dreigeteilt. Ganz oben lag die Welt der Götter, Asgård, darunter Midgård, die Welt der Menschen, von den Ozeanen umgeben, und unter Midgård wiederum Niflheim (Nebelheim), das Totenreich. Die Reiche der Götter und der Menschen waren verbunden durch eine Brücke mit Namen Bifröst, die Snorri Sturluson als Regenbogen, der in Flammen erstrahlt, beschreibt.
Die drei wichtigsten Götter der alten Schweden waren Odin, Thor und Frej. Noch heute spiegelt sich ihre Bedeutung in den Wochentagsnamen: »onsdag« (Mittwoch), »torsdag« (Donnerstag) und »fredag« (Freitag). Auch bei unserem Donnerstag ist die Erinnerung an den Donnergott Thor noch lebendig und der Freitag hat sprachgeschichtlich nichts mit »frei« zu tun, sondern mit dem Fruchtbarkeitsgott Frej. Odin als Ranghöchster war hauptsächlich Kriegsgott, dem geopfert wurde, um Kraft und Glück in der Schlacht zu erlangen. Wer in der Schlacht tapfer

fiel, kam nach Walhalla, den Hof Odins, wo er von den Walküren empfangen wurde. Gesehen wurde er nicht als gütiger Gottvater, sondern seine Beinamen Svipall (der Launenhafte), Baleygr (der Glutäugige) und Vidurr (der Zerstörer) lassen auf einen zwar mächtigen, aber auch gefährlichen Beschützer schließen. Daneben war er aber auch ein Gott der Weisheit und Meister in aller Art Zauberei. Odin zugehörig sind zwei Raben, Hugin (Gedanke) und Munin (Erinnerung), die er sprechen gelehrt hatte und die um die ganze Welt flogen, um ihm über alles zu berichten.

Der Donnergott Thor
Thor stand zwar unter Odin, war aber bei den Menschen populärer. Er wird meist als gewaltiger Mann mit großem, rotem Bart dargestellt, mit blitzenden Augen, reizbar und furchtbar stark. In der Hand hält er seinen Hammer Mjölner, der nach einem Wurf immer zu ihm zurückkehrt. Trotz seines Furcht erweckenden Äußeren ist er den Menschen freundlich gesinnt. Er kämpft gegen die die Menschheit bedrohenden Riesen und Trolle und besonders gegen die gewaltige Meeresschlange Midgårdsorm, die auf dem Grunde des Meeres liegt und die ganze Welt der Menschen umschlingen will. Wenn Thor auf seinen Streifzügen im Himmel seinen Hammer betätigt, blitzt und donnert es auf der Erde. Seine Beliebtheit als Menschengott wird bestätigt durch die vielen Amulette, die dem Hammer Thors nachgebildet sind.
Als drittwichtigster Gott wird Frej in den Überlieferungen genannt, der Fruchtbarkeitsgott. Seine bei uns bekanntere Zwillingsschwester Freja herrschte über Leben, Liebe und Tod. Neben Odin und Thor war der Gott des Sonnenscheins und des Wachstums so bedeutend, dass sein Standbild neben denen der beiden anderen in einem großen Tempel in Uppsala stand, den die ersten Missionare in ihren Reiseberichten beschrieben. Über die Art der Verehrung ist allerdings wenig bekannt, da es den christlichen Missionaren zu obszön war, über die Rituale des auch für die Fortpflanzung zuständigen Gottes zu berichten.

Links:
Felszeichnung des Hammergottes Thor, neben Odin der bedeutendste Gott der Asen. Aufgrund seiner großen körperlichen Kraft fiel ihm die Aufgabe zu, die Welt der Götter und Menschen gegen Riesen und Ungeheuer zu verteidigen.

Oben:
Die Felszeichnungen (»hällristningar«) in Vitlycke bei Tanum wurden 1994 von der UNESCO zum Weltkulturerbe erklärt. Sie entstanden

Die skandinavischen Götter hatten durchaus Ähnlichkeiten mit den römischen und griechischen, zum Teil auch mit den indischen Göttern, aber bestimmte Eigenschaften passten allein zu der gewaltsamen und heroischen Wikingerzeit. Mag die Welt der Asen mit der Christianisierung untergegangen sein, die Geschichten der Götter und Helden bestehen fort und man findet immer wieder Spuren aus vergangener Zeit. Nicht nur die Namen der Wochentage erinnern uns an sie, in vielen Märchen sind besonders die Gegner der germanischen Götter, die Riesen, Trolle und Drachen, lebendig geblieben.

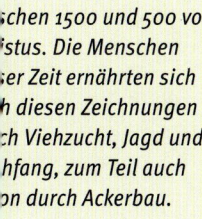

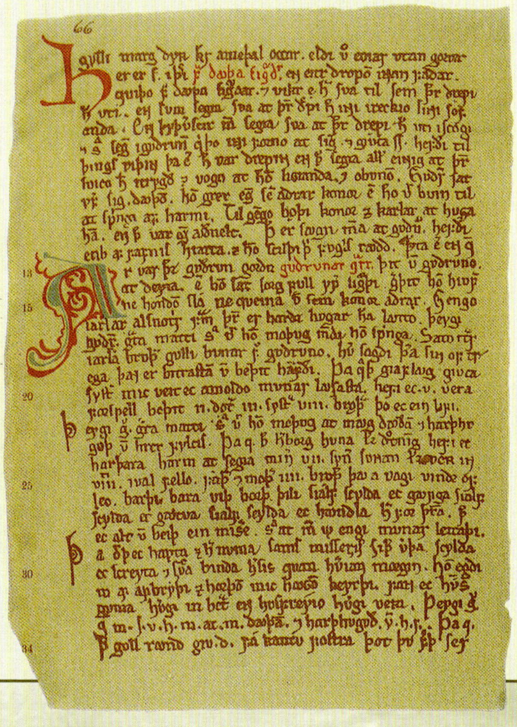

...schen 1500 und 500 vor ...stus. Die Menschen ...er Zeit ernährten sich ...h diesen Zeichnungen ...ch Viehzucht, Jagd und ...hfang, zum Teil auch ...n durch Ackerbau.

Rechts oben:
Im Historika Museet (Historischen Museum) in Stockholm kann man alles über die nordische Vorzeit, von der Steinzeit vor 6000 Jahren bis zum Mittelalter, erfahren. Runensteine teilen in der Regel mit, von wem und zu welchem Anlass der Stein errichtet wurde.

Rechts Mitte:
Über 600 Steine sollen einmal auf dem Gräberfeld von Vätteryd gestanden haben. Heute sind es nur noch 150, zum Teil in Schiffsform angeordnet, die aus der jüngeren Eisenzeit und der Wikingerzeit stammen.

Rechts:
Das älteste Manuskript der Prosa-Edda entstand um 1280. In der Edda wurden die Namen und Geschichten der Asen, dem mächtigsten nordischen Göttergeschlecht, überliefert.

Unten:
Visby – die Stadt der Rosen und Ruinen – wird von einer 3,6 Kilometer langen Stadtmauer mit 44 stattlichen Wehrtürmen umschlossen. Sie wurde um 1270, hauptsächlich zum Schutz der Stadt vor der einheimischen Bauernbevölkerung, angelegt. Seit 1995 gehört die Altstadt, »staden innanför murarna« (Stadt innerhalb der Mauern), zur UNESCO-Liste des Weltkulturerbes.

Rechts ob
Die Domkirche St. Ma ist das einzige komp erhaltene Gotteshaus Visby, dessen Kirc ansonsten allesamt 1 bei der Invasion

*Brandschatzung durch
die Hansemacht Lübeck
erstört wurden. Geweiht
rde die Domkirche 1225
s Gotteshaus deutscher
Kaufleute.*

Rechts Mitte:
*Das Kapitelband am
Portal der romanischen
Domkirche von Visby zeigt
unter anderem ein Relief
mit der Flucht Maria und
Josephs mit dem Jesuskind
nach Ägypten.*

Rechts unten:
*Das reich geschmückte
Portal der Domkirche
aus der Romanik wirkt
mit seinen aufgesetzten
Filialen und profiliertem
Gewände schon eher
frühgotisch.*

Rechts ob▐

Holz ist nicht nur
Baumaterial für e▐
Vielzahl der schwedisc▐
Häuser, sondern a▐
das Brennmateria▐
den Ofen, besonder▐
Häusern auf dem La▐

Unten:
Knapp 100 000 Seen
gibt es im blau gefleckten
Schweden und einer ist
schöner als der andere.
Wenn dann auch noch der

Himmel weiß gefleckt ist,
kann man mit Tucholsky
in aller Stille »mit der
Seele baumeln« – hier bei
einem See bei Tidersrum
in Östergotland.

Rechts Mitte:
Neben Getreidefeldern, hier bei Rydsnäs, hat *tergotland eine mannig-* *ltige Landschaft mit den* *ei größeren Seen Boren,* *xen und Glan, zu bieten.*

Rechts unten:
Alte ursprüngliche Bauerngehöfte findet man in Östergotland, das neben zahlreichen kulturgeschichtlichen

Denkmälern und reichen Naturschönheiten auch den größten Tierpark Schwedens, Kolmården, sein Eigen nennt.

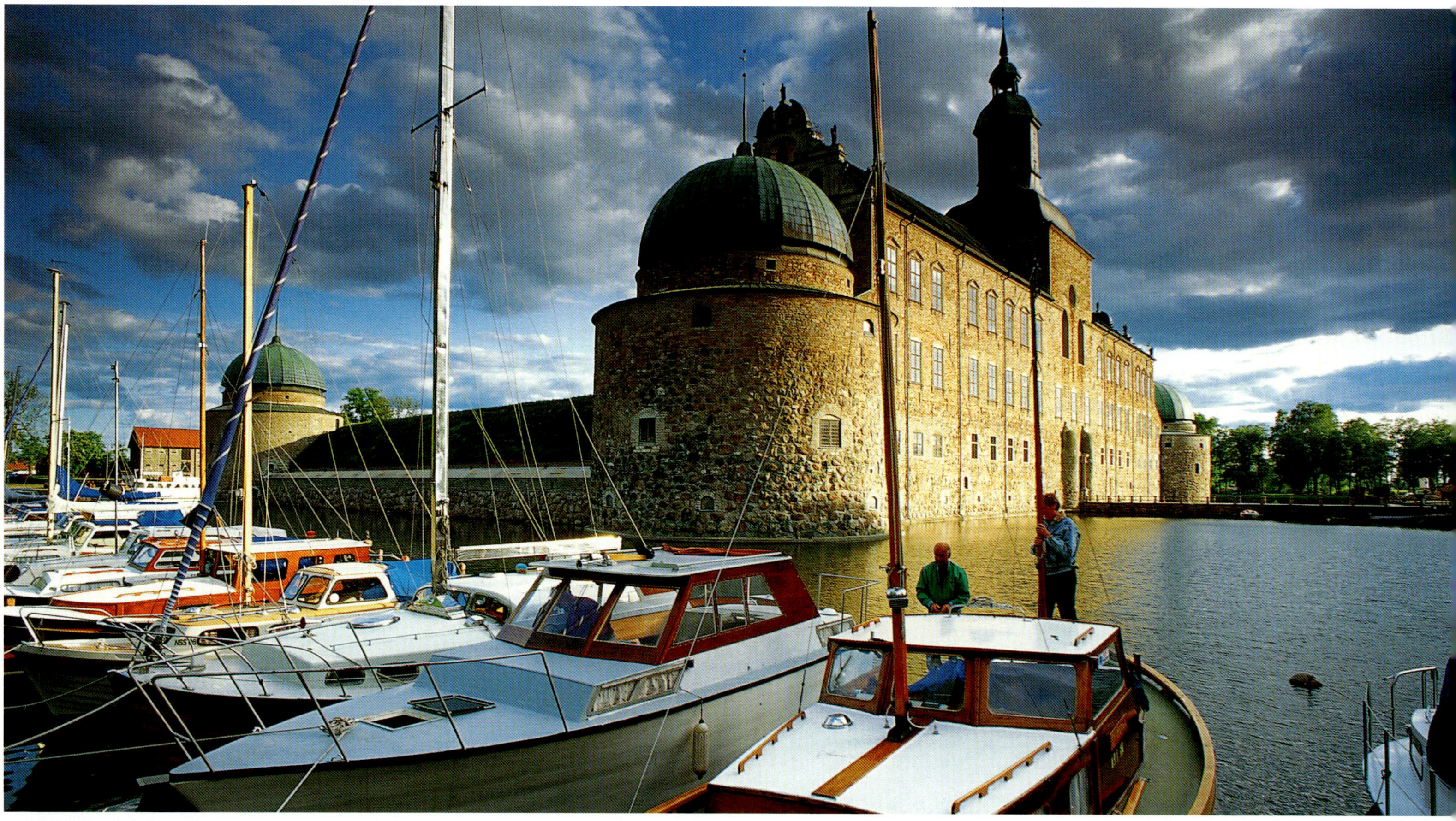

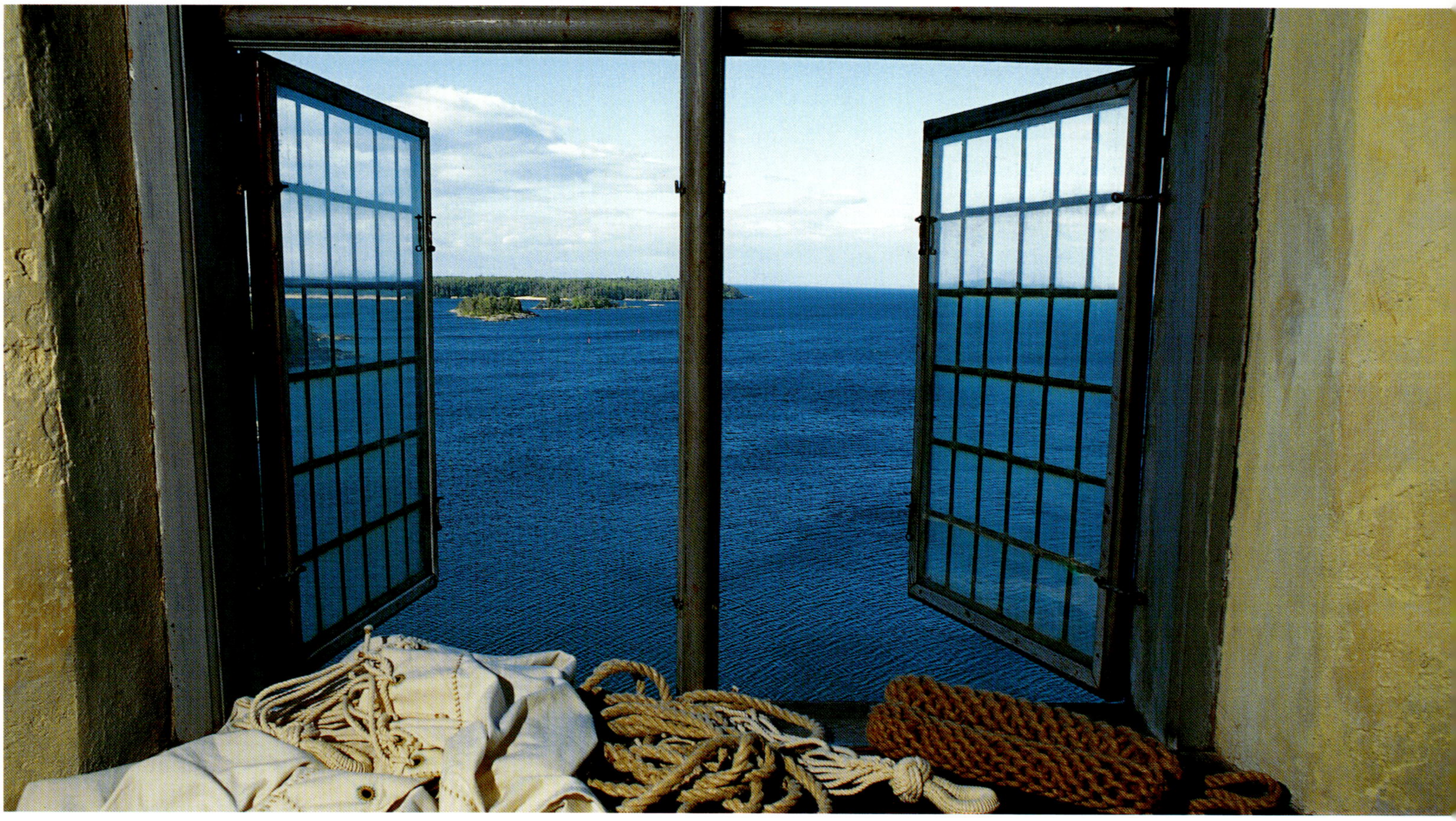

·ks:

s Schloss von Vadstena,
t seiner wunderschönen
ge am Vätternsee,
rde 1545 von Gustav
sa errichtet. Typisch
ein Vasa-Schloss sind
e wuchtigen runden
ktürme.

Unten:

Ruhepause am großen
Vänern bei Mariestad,
das »Perle des Vänern«
genannt wird. Die Klein-
stadt mit alten Holz-
gebäuden aus dem

17. Jahrhundert und dem
Schloss Marieholm wurde
1583 vom späteren König
Karl IX. gegründet und
nach seiner Frau Maria
von der Pfalz benannt.

·nks:

·ick aus einem Fenster
·s Schlosses Läckö am
·nernsee auf der Halb-
·sel Kålland. Gustav
·sa schenkte 1615 die
·afschaft Läckö seinem
·ldherrn Jacob Pontusson

de la Gardie, dessen Sohn
den Vorgängerbau zu dem
heutigen Barockschloss
umbauen ließ. 248 Räume
zeigen noch heute den
Luxus der schwedischen
Großmachtzeit.

Kleine Bilder links:
Seit 1978 ist der Göta-
kanal mit zahlreichen
Schleusen, der Nord- und
Ostsee verbindet, nur
noch Freizeitparadies für
Wassersportler, Angler
und Wanderer. Wer nicht
mit dem Segelboot auf
dem »Blauen Band«
unterwegs ist (oben und
Mitte), kann auch auf
den historischen weißen
Kanalbooten auf Kreuz-
fahrt gehen (unten).
Ab 1810 wurde in über
20 Arbeitsjahren mit
58 000 Arbeitern dieses
Megaprojekt des Baltzar
von Platen verwirklicht.

Unten:

Motala ist eine Hafenstadt am Ostufer des Vänern und verdankt ihre Bedeutung der Lage vor der Mündung des Götakanals, dessen Erbauer Baltzar von Platen auch den fächerförmigen Stadtgrundriss plante. Im Kanal- und Seefahrtsmuseum kann man sich in Motala über die Geschichte des Götakanals informieren.

Rechts:
*Mit seinen malerischen
Holzhäusern am
Holzsteg des Kais, der
»Smögenbryggan«,
mit dem regen Hafen-
betrieb und der reizvollen
Umgebung ist Smögen
ein viel besuchter
Küstenort in Bohuslän.*

Oben und ganz oben:
*Die Granitfelsen an der
Küste von Bohuslän in der
Nähe von Smögen sind im
Sommer dicht besetzt von
Sonnenanbetern, die Licht
für den dunklen Winter
tanken.*

Weißes Segelboot auf tiefblauem Wasser – die Küstengewässer bei Marstrand sind ein Seglerparadies. Verlässt man den Sund vor dem Ort Marstrand in nördlicher Richtung auf das offene Meer hinaus, befindet sich rechter Hand auf der Insel Koön dieses Haus in einzigartiger Lage in der Schärenlandschaft.

Unaufhörlich brandet das Wasser des Kattegatts an die Schären von Bohuslän. Hier, wo sich das Wasser von Ost- und Nordsee zunehmend mischt, bietet das Meer die feinsten Zutaten für eine maritime Küche: Hummer, Krabben, Dorsch und Hering gehören in Bohuslän auf eine gute Speisekarte.

Seite 70/71: *Die Göteborger Oper begeistert nicht nur wegen ihrer Architektur, ihre Akustik genießt ebenfalls einen sehr guten Ruf. Das Gebäude liegt am Jussi-Björling-Platz und ehrt damit Schwedens großen Tenor, der vor allem mit italienischen und französischen Opernpartien internationale Erfolge feierte.*

Oben:
Vom Café des 86 Meter
hohen »Utkiken« (Ausguck),
des »Wolkenkratzers« im
Hafen Lilla Bommen von
Göteborg, hat man einen
guten Überblick über Hafen
und Stadt, die erst 1624
durch Gustav II. Adolf
gegründet wurde und heute
nach Stockholm die zweit-
größte Stadt Schwedens ist.

Rechts:
Im Inneren der Oper von
Göteborg dominieren Holz
und Glasfronten, durch
die der Blick auf das im
Abendlicht glitzernde
Wasser fallen kann. Seit
1994 steht sie am Pack-
huskajen und ist berühmt
für ihre Akustik und
technischen Finessen.

Oben:
Der Göteborger Hafen wird flankiert von dem modernen Bürogebäude „Utkiken" (Ausguck) und der Oper (links) sowie den Anlegern für die Hafenrundfahrten (rechts). Überragt wird der Hafen von den stattlichen Gebäuden der Altstadt.

Ganz links:
Auf dem Gustav-Adolf-Torg steht das bronzene Standbild des Stadtgründers. Es wurde erst 1854 aufgestellt, zuvor hieß der Platz schlicht Stora Torget (Großer Platz).

Links:
Der Poseidonbrunnen auf dem Götaplatz vor dem Kunstmuseum wurde im Jahre 1930 von Carl Milles geschaffen, einem der bedeutendsten schwedischen Bildhauer.

Mittelschweden – Das Herz Schwedens mit der Hauptstadt Stockholm

Sogar eine ganze Kirche aus dem 18. Jahrhundert versetzte der Gründer Artur Hazelius in sein Freilichtmuseum Skansen. 1891 beschloss Hazelius, Zeugnisse traditionellen Lebens zu sammeln. Etwa 150 Gebäude aus allen Landesteilen sind auf der Stockholmer Insel Djurgården wieder aufgebaut.

Mittelschweden oder Svealand ist geprägt vom Wasser: Mälarsee, Hjälmarsee, Siljansee und die Flüsse Dalälv und Ljusnan bestimmen die Landschaft. Daneben findet sich aber auch alte Kulturlandschaft mit Schlössern und Herrensitzen aus Schwedens Großmachtzeit und wilder Urwald. Ob die mit 4500 Quadratkilometern kleinste Landschaft Närke noch zu Götaland oder schon zu Svealand gehören sollte, war lange Zeit unentschieden. Sie schließt nördlich an Västergötland und an die Nordspitzen von Vänern und Vättern an und hat mit dem Hjälmarsee ein Wassergebiet so groß wie der Bodensee, das aber nur 18 Meter tief ist. In der Heimat Selma Lagerlöfs, Värmland, kommt der größte Strom des Nordens, Klarälv, aus Norwegen und bringt die Holzflöße zum Vänern. In Filipstad in Värmland hat ein Exportschlager aus Schweden seinen Ursprung: das Wasa-Knäckebrot.

Schweden pur findet man in Dalarna mit seinem landschaftlichen Höhepunkt dem Siljansee und dem nach Norwegen zu auf über 1000 Meter ansteigenden Hochgebirge. In dieser nördlichsten Region des Svealands haben sich Brauchtum und Tradition vom Baustil über die Trachten bis hin zum Fiedelspiel noch am besten bewahrt. Bekannt ist auch die Hauptstadt Falun mit ihren Bergwerken durch die Erzählung Johann Peter Hebels, in der ein verschütteter Bergmann ein halbes Jahrhundert später äußerlich unverändert geborgen wird.

An der Ostküste liegen die Landschaften Södermanland, kurz Sörmland, und Uppland mit der ursprünglichen Residenz der schwedischen Könige: Uppsala. Hier liegen die Schären des Ostens und die Seengebiete des Mälar und Hjälmaren im Norden und Westen. Mit Stockholm, der Hauptstadt auf 14 Inseln, Venedig des Nordens genannt, gehört dieses Gebiet zu den am dichtesten besiedelten Landstrichen. Westlich des zentralen Uppland liegt Västmanland, im Gegensatz zum Södermanland (Land der Südmänner) das Land der Westmänner.

Oben:
Dieser Bauernhof liegt am Klarälv, der als schönster Fluss der Landschaft Värmland gilt, die von lang gestreckten Seen und Flüssen geprägt ist. Die Flüsse, das Eisenerzvorkommen und vor allem seine großen Fichten- und Kiefernwälder, das »Gold Värmlands«, trugen zum wirtschaftlichen Aufschwung der Region bei.

Rechts:
In einem gemütlichen alten Café in Norberg kann man sich nach einem Stadtrundgang zum Beispiel mit »kanelbullar« (Zimthefegebäck) stärken. Im 15. Jh. war das Gebiet um Norberg in Västmanland die wichtigste Bergbauregion in Schweden.

Links:

Holz war und ist ein wichtiger Rohstoff in Schweden, sei es zum Heizen wie hier, als Brennstoff für die Eisenhütten, als Baustoff für die typischen schwedischen Holzhäuser, als Exportartikel, und natürlich wurden auch die schwedischen Streichhölzer aus heimischen Bäumen gefertigt.

Unten:

Im Abendlicht leuchten die roten Häuser von Rättvik am Ufer des Siljansees in Dalarna. Hauptsächlich bekannt ist Rättvik wegen seiner Volksmusik- und Volkstanztradition. Im Juni/Juli findet hier das Volksmusikfestival »Musik vid Siljan« statt.

Die berühmte Långbrygga, der Landungssteg von Rättvik, wurde 628 Meter weit in den Siljansee gebaut, weil das Wasser im Uferbereich für Boote zu flach ist. Seit ungefähr hundert Jahren legen die Dampfer an dem inzwischen rekonstruierten Holzsteg an.

Nahe dem mitten im Wald
gelegenen abgeschiedenen
Kirchendorf Särna in
Dalarna liegt der Wasser-
fall Njupeskär, der sich aus
einem Gebirgssee seinen
Weg nach unten sucht.

In den Landschaften Norddalarna, Jämtland und Lappland gibt es noch ein paar hundert frei lebende Braunbären. Wer sie jedoch sicher treffen möchte, kann dies im größten Bärenpark Europas in Grönklitt bei Orsa (Dalarna) tun, wo Meister Petz zusammen mit Wolf und Luchs in einer weitläufigen Anlage lebt.

Auch wenn der Weg oft steinig ist, belohnt der Anblick des Wasserfalls Njupeskär bei Särna in Dalarna für die Anstrengung.

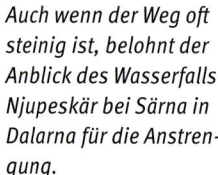

dichter Urwald, in den
Mensch kaum ein-
ft, umgibt das kleine
hendorf Särna.

Der Klarälv, Värmlands
schönster Fluss, fließt bei
Sysslebäck durch endlose
Wälder und ist ein ideales
Angelrevier für Äschen
und Lachsforellen.

Ganz unten:
Beeindruckende Strom-
schnellen gibt es im
Grövelsjöngebiet, einer
einsamen Fjällandschaft
an der norwegischen
Grenze. Das Gebiet mit

dem traumhaften
Grövelsjön zählt zu den
besten Wander-, Kanu-
und Angelgebieten und
ist auch ein beliebtes
Wintersportgebiet.

Seite 82/83:
Das Seengebiet von Dalsland und Värmland gehört mit seinem klaren Wasser und der wunderbaren Natur zu den schönsten Seenlandschaften Schwedens und ganz Skandinaviens und ist eines der besten Kanugewässer Europas. Ein ideales Gebiet, um Kanuwanderungen alleine auf eigene Faust oder in einer Gruppe zu unternehmen. Hier um Mitternacht auf dem See Foxen.

Rechts und unten:
Nach einem langen Tag im Kanu hat man entsprechenden Hunger. Viel Spaß bereitet das gemeinsame Kochen am Lagerfeuer und natürlich auch das Essen.

Oben:
Ideale Bedingungen für
eine Paddeltour auf dem
See Foxen: blauer Himmel,
ruhiges Wasser und
angenehme Temperaturen.

Links:
„Morning-light-Tour"
bei der Insel Bärön auf
dem See Foxen.

Links oben:

Die spätgotisch anmutenden Gewölbe der Kirche von Mora stammen aus dem 15. Jh. Die Kirche selbst wurde 1673 umgebaut. Der frei stehende Glockenturm von 1672 ist eine Landmarke am Siljansee.

Links Mitte:

Die Malereien der Kirche von Rättvik sind hauptsächlich deshalb bekannt, weil biblische Szenen nach Dalarna verlagert wurden und Personen teilweise mit Gehrock und Zylinder dargestellt sind.

Links unten:

Auch wenn Särna nur ein kleiner Ort ist – die schindelverkleidete Holzkirche, 1684 bis 1691 erbaut, ist prächtig ausgestattet.

Daniel Hammarström. ·erg.
1814~1839 ·14

Johan Bärssell.
1843~1855

Gustaf Wilhelm Barcʰ
1855~1868

FESTE FEIERN IN SCHWEDEN

Einen Grund zu feiern finden Schweden immer, doch gibt es ganz spezielle Festlichkeiten neben Weihnachten, Ostern und Pfingsten, die von denen der südlicher gelegenen Länder durchaus abweichen. Nach dem kalten Winter ist die Ankunft des Frühlings der Anlass, das Valborg-Fest zu feiern, bei uns besser bekannt unter dem Namen Walpurgisfest. Am 30. April entzündet man Feuer, wirft Knaller, lässt die Kanonen donnern, um die bösen Geister zu vertreiben, und veranstaltet in manchen Städten ein Feuerwerk. Besonders beliebt ist dieses Fest, bei dem nicht wenig getrunken wird, bei jungen und alten Studenten, die besonders in Uppsala mit weißen Mützen durch die Stadt ziehen. Der darauf folgende Tag, der Erste Mai, ist Feiertag, der häufig zu politischen Demonstrationen genutzt wird.

Ringelreihen zu Midsommar

In dem von der Sonne nicht unbedingt verwöhnten Land kommt der Sommersonnenwende besondere Bedeutung zu. Midsommar, das Fest der kürzesten Nacht und des längsten Tages, ist der Höhepunkt des Jahres und wird am auf den 21. Juni folgenden Wochenende ausgelassen gefeiert. Häuser und Kirchen werden mit Blumengirlanden geschmückt und eine Art Maibaum (majstång) aufgestellt, der aus einem mit Birkenlaub geschmückten Kreuz mit daran befestigten Blumenkränzen besteht. Meist schon am Midsommarafton (Mittsommerabend) am Freitag wird dieser Maibaum von den Männern unter Musikbegleitung zu seinem Standort getragen und bereits das Aufrichten entwickelt sich zum Fest. Steht der Baum, tanzt und feiert man zu traditioneller Spielmannsmusik die ganze Nacht im Freien, die Kinder mit Blumenkränzen im Haar und auf dem Lande vielleicht auch noch in den alten, bunten Trachten. Am ursprünglichsten sind die Midsommarfeiern noch im Herzen Schwedens in Dalarna.

Kräftor und nubbevisa

In der zweiten Augusthälfte gibt es dann einen kulinarischen Anlass, um sich mit Freunden und Verwandten zu treffen und zu feiern. Zu diesem Zeitpunkt beginnt die Krebssaison. Je nach Wohn- und Geldlage werden teure Süßwasserkrebse (insjökräftor) oder aber an der Küste Meereskrebse (kräftor) in einem Dillsud gekocht und zu Kartoffeln gegessen. Bis dahin wäre es ja noch ein »normales« Essen, doch zu einer Krebsfeier gehört weit mehr: nämlich nubbar (Schnäpschen). Der Ablauf des Essens ist festgelegt. Zuerst isst man ein bisschen,

dann wird gemeinsam eine nubbevisa (Trinklied) angestimmt, und dann: Skål! Das Ganze wiederholt sich natürlich mehrere Male. Meist setzt man sich auch noch Hütchen auf den Kopf, in jedem Fall wird die Feier mit jeder gesungenen nubbevisa lustiger, besonders wenn man im Krebseessen nicht so geübt ist und in den kurzen Pausen, in denen gegessen wird, weniger in den Magen bekommt als die professionellen Krebseschäler.

Luciamorgon

Wenn der Sommer vergangen ist und der Winter schon seinen Einzug gehalten hat, steht ein eher ruhiger Festtag auf dem Programm. Der 13. Dezember ist der Tag der Heiligen Lucia und das Fest des Lichts in dem langen und dunklen schwedischen Winter. Eigentlich erinnert der Name des Festes an die mittelalterliche sizilianische Märtyrerin Lucia, doch ist diese Person im Norden wohl umgedeutet worden als Bringerin des Lichts (lux) und Symbol für die Wiederkehr der Sonne. Die Lucia tritt in weißem Gewand mit einem Lichterkranz aus Kerzen im Haar auf und bringt mit ihrem weiß gekleideten Gefolge Licht in die Nacht, häufig in Kindergärten, Schulen oder Gemeinden. Mit Lucialiedern, Luciakatten (Safrangebäck), Kaffee, manchmal auch Glühwein genießt man an diesem Morgen den warmen Schein der Kerzen. Auch wenn es aus Stockholm eine Übertragung des offiziellen Luciazuges gibt, ist dieses Fest eher eine ruhige Angelegenheit, bei der besonders die Kinder, die an dem Luciazug teilnehmen, im Vordergrund stehen.

Links:
Zu den Trachten binden sich Frauen und Mädchen zur Sommersonnenwendfeier Kränze aus Sommerblumen ins Haar.

Oben:
Midsommar in Leksand am Siljansee wird besonders traditionell mit alter schwedischer Volksmusik, Tänzen und Trachten gefeiert.

Kleine Bilder rechts, von oben nach unten: dem Siljansee in Dalarna werden zu Midsommar Kirchenbootrennen ausgetragen. Mit langen, oppelreihigen, schweren Booten kämpfen die einzelnen Kirchenspiele gegeneinander.

Die Kirchenboote waren in früheren Zeiten das geeignetste Transportmittel, um am Sonntag zu den Gotteshäusern rund um den Siljansee zu kommen. Zu Pferd hätte man zu weit außenherum reiten müssen.

Zur Midsommarfeier gehören auch Ringeltänze rund um die »majstång« (Maibaum), bei denen Groß und Klein mitmachen.

Bei der Luciafeier am 13. Dezember wollen natürlich alle kleinen Mädchen die Lucia spielen, die mit ihrem Lichterkranz im Haar das Licht ins Dunkel der Nacht bringt. So kann es vorkommen, dass in einem Zug mehrere Lucias zu finden sind.

Unten:
Dass man in der viert-
größten Stadt Schwedens
ist, merkt man im Zentrum
Uppsalas kaum. Archi-
tektonisch und atmos-
phärisch verbreitet Uppsala
eher den ruhigen Charme
einer alten Universitäts-
stadt. Die damals
nördlichste Universität
wurde 1477 gegründet.

Rechts:
In dem mächtigen
gotischen Dom von
Uppsala, der die Stadt-
silhouette dominiert,
fanden viele berühmte
Schweden, unter anderem
Carl von Linné, ihre letzte
Ruhestätte. Dort wurden
von 1140 bis 1719
auch die schwedischen
Könige gekrönt.

Rechts oben:
as Schloss von Uppsala liegt auf einem Hügel ber der Stadt und wirkt, 1757 nach einem Brand wiederaufgebaut, eher trutzig als prunkvoll. Im eichssaal des Schlosses nahm die zum Katholizismus konvertierte Königin Kristina ihren Abschied.

Rechts Mitte:
In Uppsala laden zahlreiche Grünanlagen dazu ein, sich von der Stadtbesichtigung zu erholen. Zu den interessantesten gehören der Botanische Garten mit über 10 000 Pflanzenarten und der Garten des Carl von Linné.

Rechts unten:
Das Haus des berühmten Pflanzenforschers Carl von Linné aus dem 17. Jahrhundert liegt mitten in dem rekonstruierten Garten, in dem die Pflanzen nach dem Linnéschen biologischen System geordnet sind.

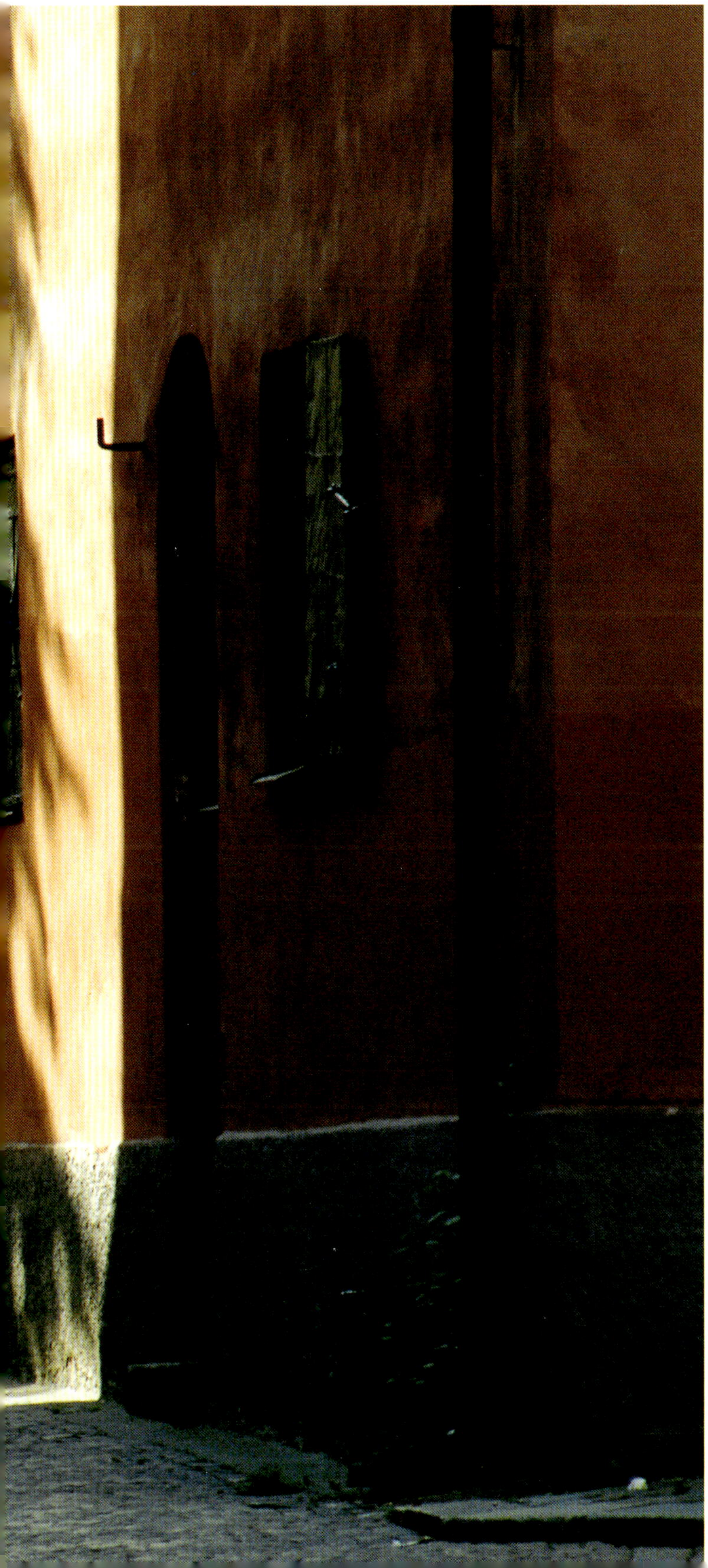

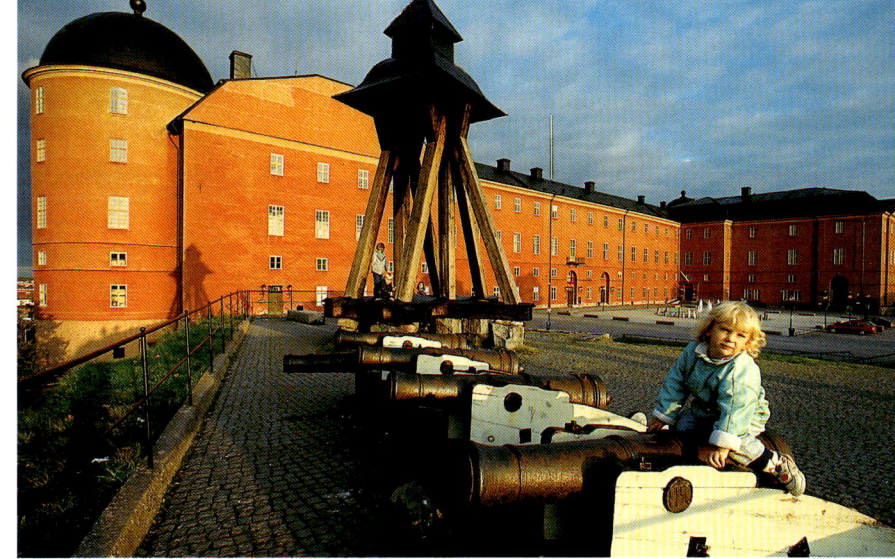

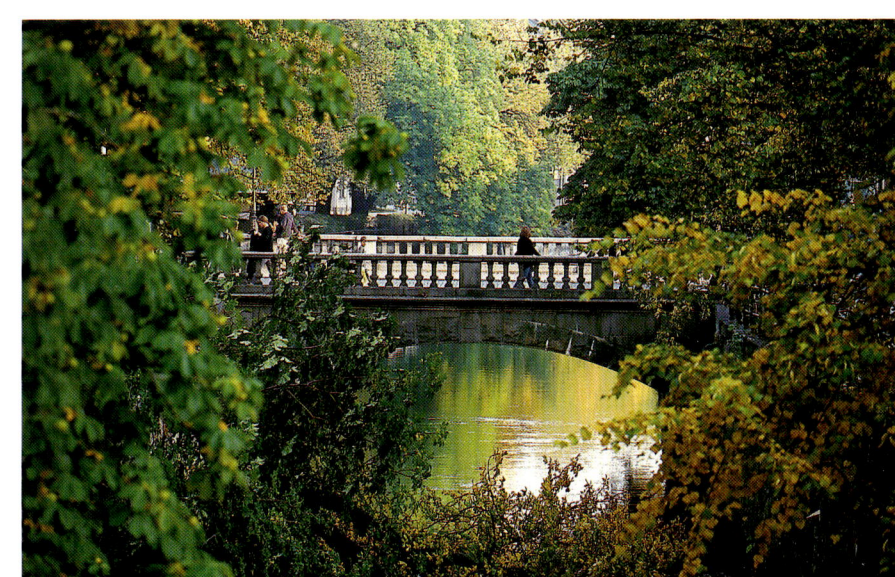

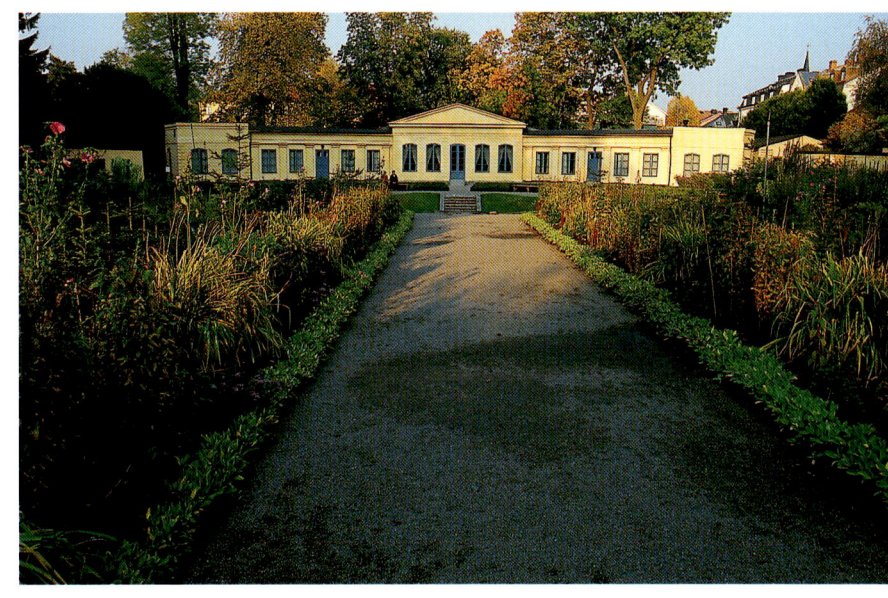

Links:

Der Birger Jarls Platz auf der Insel Riddarholmen in Stockholm ist nach dem Begründer der Dynastie der Folkunger benannt, die Mitte des 13. bis zur Mitte des 14. Jahrhunderts über die Schweden herrschten. Birger Jarl gründete die Stadt und Festung Stockholm.

Unten:

Das Morgenlicht fällt auf den Stadtteil Södermalm, der am südlichen Ufer des Mälaren liegt. In den Gässchen des auf eine Bergkuppe gebauten Viertels gibt es zwar weniger Sehenswürdigkeiten, dafür umso mehr Cafés, Kneipen und Kunstgalerien.

Seite 92/93:

Stockholm, die Hauptstadt Schwedens, liegt mitten im Wasser auf 14 Inseln an der Mündung des Mälaren. Im »Venedig des Nordens« lädt vor allem die Altstadtinsel Gamla Stan zum Bummeln und Flanieren ein.

Oben:

Da in Stockholm das Wasser allgegenwärtig ist, sind es auch, ähnlich wie in Venedig, die Boote. Die bunten Abendlichter glimmen auf der Insel Riddarholmen, auf der die neogotische, gusseiserne Turmspitze der Riddarholmskyrkan alles überragt.

Unten:

Im Winter sind die Gassen von Gamla Stan auf der Insel Stadsholmen mit ihrem mittelalterlichen Grundriss ruhig und beschaulich. Die Häuser des Stadtviertels stammen jedoch erst aus dem 17. Jahrhundert und sind wegen der früher allgegenwärtigen Brandgefahr aus Stein gebaut.

Rechts oben:
interstimmung herrscht im Hafen von Skepps-holmen, der Insel neben Gamla Stan, auf der man neben dem Kunstgenuss im Moderna Museet und em Architekturmuseum auch viel Natur genießen kann.

Rechts Mitte:
Die Gassen Gamla Stans haben ihren mittel-alterlichen Charakter weitgehend bewahrt. Im 12. Jahrhundert trieben hier deutsche Kaufleute aus Lübeck Handel mit Eisen.

Rechts unten:
Auf der Insel Skepps-holmen findet man nicht nur Museen und Natur, sondern auch Kunst in der Natur: eine Skulpturen-gruppe von Niki de Saint Phalle und Jean Tinguely vor dem Moderna Museet.

Rechts:
Der zentrale Platz in Stockholms Gamla Stan ist der Stortorget (Große Platz), umgeben von schönen Bürgerhäusern. Von ihm gehen die Gässchen der Altstadt in alle Himmelsrichtungen ab. Im Mittelalter fand hier der Markt statt.

Unten:
Die Riddarholmskirche an dem Birger Jarls Torg wurde um 1280 eigentlich als Klosterkirche der Franziskaner erbaut, im Laufe der Zeit aber, da sie zur Grablege der schwedischen Könige geworden war, von immer mehr Grabkapellen umgeben.

Oben:

Zum Besuch von Stockholm gehört eine Fahrt mit den romantischen weißen Dampfern in die Schären-welt östlich der Hauptstadt mit ihren 24 000 Inseln und Inselchen.

Links:

Bei dem beschaulichen Leben auf dem Stortorget in Gamla Stan heutzutage vermag sich kaum jemand vorzustellen, dass 1520 auf diesem Platz das Stockholmer Blutbad stattfand, das zum Ende der Kalmarer Union, dem Zusammenschluss von Dänemark, Norwegen und Schweden, führte.

NOBELDAGEN, DEN 10 DECEMBER – NOBELPREISTAG

Am 10. Dezember 1896 starb der 1833 geborene Chemiker und Erfinder Alfred Nobel. In seinem Testament legte er fest, dass der größte Teil seines Vermögens einen Fonds bilden sollte, »dessen Zinsen als Preise denen zugeteilt werden, die im verflossenen Jahr der Menschheit den größten Nutzen gebracht haben«.

Seit 1901 werden Nobelpreise in den Bereichen Physik, Chemie, Physiologie und Medizin sowie Literatur vergeben und derjenige geehrt, der »am meisten oder besten für die Verbrüderung der Völker gewirkt hat, für die Abschaffung oder Verminderung der stehenden Heere, sowie für die Bildung oder Verbreitung von Friedenskongressen«. Die ersten vier Preise werden von schwedischen Institutionen vergeben: der Literaturpreis von der 1786 gegründeten Schwedischen Akademie, die mit 18 Mitgliedern über die Pflege der schwedischen Sprache, Dichtung und Rhetorik wacht, der Preis für Medizin vom »Karolinska Institutet«, die Preise für Physik und Chemie von der Schwedischen Akademie der Wissenschaften. Für die Verleihung des Friedensnobelpreises ist ein vom norwegischen Parlament in Oslo eingesetzter Ausschuss zuständig. Da zu Lebzeiten Alfred Nobels noch die schwedisch-norwegische Union bestand, sollte wenigstens dieser Nobelpreis in Norwegen verliehen werden. 1968 ist noch ein weiterer Preis für Wirtschaftswissenschaften hinzugekommen, den die Schwedische Zentralbank gestiftet hat.

Alfred Nobel – »erbärmliches Halbgeschöpf«

Mit der Stiftung der Preise, die seinen Namen tragen, ist Alfred Nobel weltweit bekannt und berühmt geworden. Dabei scheint es sich zu widersprechen, dass gerade der Vater der schwedischen Rüstungsindustrie und Erfinder des Dynamits einen Friedenspreis stiftet. Tatsächlich ist sein eigentlich erfolgreiches Leben (90 Fabriken und Unternehmen in über 20 Ländern) von Widersprüchen und Selbstzweifeln geprägt. Deutlich wird das in einer kurzen Selbstbeschreibung seines Lebens: »Alfred Nobel – erbärmliches Halbgeschöpf, hätte bei seinem Eintritt in dieses Leben von einem menschenfreundlichen Arzt erstickt werden sollen. Hauptverdienste: Er hält sich die Nägel sauber und fällt der Öffentlichkeit nicht zur Last. Hauptfehler: Ohne Familie, heiter und ein Vielfraß. Größte und einzige Bitte: Nicht lebendig verbrannt zu werden. Größte Sünde: Betet den Mammon nicht an. Bedeutende Ereignisse in seinem Leben: Keine.«

Alfred Nobel ging nie eine Ehe ein, bekam nicht die Frau, die er wollte, die Komtesse Kinsky, spätere Bertha von Suttner, und machte sich später lächerlich durch seine 18 Jahre dauernden Bemühungen um ein 23 Jahre jüngeres Mädchen. Doch wird vermutet, dass seine lebenslange Freundschaft mit Bertha von Suttner, einer Vorkämpferin der Friedensbewegung, die Basis für den Friedensnobelpreis war. Eben jene Bertha von Suttner erhielt 1905 den Friedensnobelpreis.

Eine Reihe großer Namen

Nicht nur Alfred Nobel ist durch seinen Preis berühmt geworden. Wenn man sich die Namen derer vergegenwärtigt, die nach Stockholm geladen wurden, sind zwar vielleicht nicht alle Größen der letzten beiden Jahrhunderte darunter, doch viele von ihnen waren und sind groß: Theodor Mommsen, Wilhelm Conrad Röntgen, Selma Lagerlöf, Marie Curie, Maurice Maeterlinck, Max Planck, Gerhard Hauptmann, Robert Koch, Thomas Mann. Freilich kamen die Preisträger erst immer nach ihren spektakulären Erfindungen, nach ihrem Erfolg als Autor, zu dieser meist ihr Lebenswerk krönenden Würdigung. Dabei wollte Alfred Nobel eigentlich »den Träumern helfen, die es in der Welt besonders schwer haben«. Trotzdem erfreut sich die Auswahl der zu Ehrenden, insbesondere beim Literaturpreis, auch hundert Jahre nach der ersten Verleihung noch großen Interesses und manchmal sogar erbitterter Diskussionen in der Öffentlichkeit. Die Feierlichkeiten der

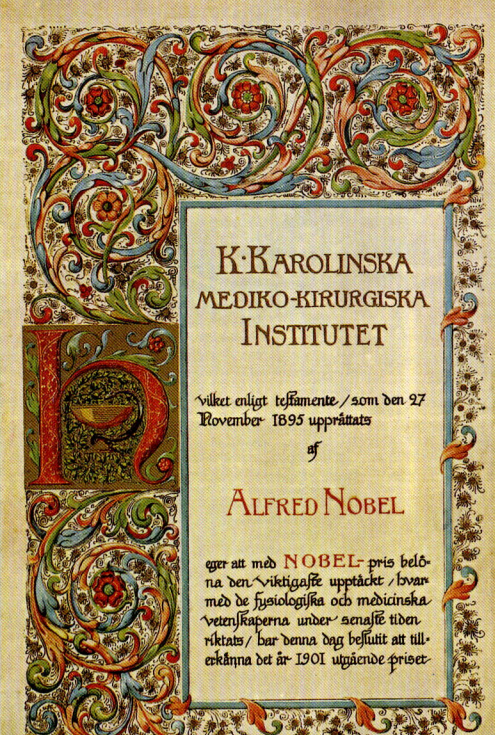

Nobelpreisverleihung selbst finden in Stockholm am Todestag von Alfred Nobel statt und die Preise werden vom König höchstpersönlich verteilt. Nach der Preiszeremonie findet im Stadshuset in Stockholm die Nobelpreisfeier statt. Dieses glanzvolle Ereignis, bei dem übrigens von einem speziellen Nobelpreisporzellan gespeist wird, ist in Schweden so populär, dass es im Fernsehen übertragen wird.

Nelly Sachs, die deutsch-schwedische Dichterin jüdischer Herkunft, 1940 nach Schweden emigriert, verwendete ihr Preisgeld des 1966 erhaltenen Nobelpreises für die Unterstützung bedürftiger Freunde, die ihr während ihrer Leidensjahre in Deutschland und Schweden geholfen hatten.

Der wohl bekannteste Nobelpreisträger: Albert Einstein erhielt den Nobelpreis für Physik 1921.

Marie Curie war die erste und mit 36 Jahren zugleich die jüngste Frau, die 1903 den Nobelpreis erhielt, und dies in dem von Männern beherrschten Bereich der Naturwissenschaften. 1911 wurde ihr einzigartigerweise zum zweiten Mal diese Ehre verliehen.

Der Stifter des Nobelpreises Alfred Nobel war kurioserweise auch der Vater der schwedischen Rüstungsindustrie. Neben dem Preis hinterließ er 350 Patente, seine berühmteste Erfindung ist das Dynamit.

Carl von Ossietzky, Publizist und Pazifist, erhielt 1935 den Friedensnobelpreis. Für Adolf Hitler der Anlass, ein Verbot der Annahme von Nobelpreisen für Reichsdeutsche auszusprechen.

Bei der ersten Nobelpreisverleihung 1901 wurde Wilhelm Conrad Röntgen für seine Entdeckung der nach ihm benannten Röntgenstrahlen geehrt.

Rec‹
Das Kungliga Dramati‹
Teatern (Königli
Dramatische Thea
ist die wichtig
schwedische Bühn
einem 1901 bis 1‹
von Fredrik Liljek
errichteten Jugend‹
gebäu

Unten:

Die Soldaten der königlichen Leibgarde stehen mit ihrer Wachablösung (ganz unten) und dem Auftritt der Militärkapelle (unten *links) manchmal dem Schloss auf der Nordseite der Insel Stadsholmen die Schau. Als 1697 das alte Vasa-Schloss Tre Kronor durch einen Brand zerstört* *wurde, begann unter Carl Hårleman und Nicodemus Tessin d. J. der Bau des heutigen Schlosses, der erst 1770 beendet wurde. Die königliche Familie hält* *sich aber nur zu Staatsbesuchen hier auf und hat ihr Domizil ansonsten in Schloss Drottningholm am Rande der Hauptstadt.*

en:
Justus Vingboons und
de la Vallée wurde
Riddarhuset auf Stads-

holmen von 1641 bis 1674
in einem sparsamen
Barockstil für Zusammen-
künfte des Adels errichtet.

Oben:
Nicht nur die offiziellen
Gebäude in Gamla Stan
auf der Insel Stadsholmen

strahlen repräsentative
Pracht aus. Auch so
manches andere Haus
protzt mit seiner Architektur.

Unten:
Neobarocker Prunk
kennzeichnet den Bau der
Oper am Gustav Adolfs
Torg, erbaut 1891 bis 1896
als Nachfolgerin der alten
Oper, in der Gustav III.
bei einem Maskenball
erschossen wurde.

Rechts oben:
Die Storkyrkan ist Stock-
ms Dom und Krönungs-
rche mit spätgotischem
Inneren und barockem
3erem. 1306 eingeweiht,
zählt sie zu den ältesten
Gebäuden Stockholms,
urde jedoch noch mehr-
mals umgebaut.

Rechts Mitte:
Der goldene Saal des
Stockholmer Stadshuset
wurde von Einar Forseth
mit knapp zwei Millionen
goldfarbenen Mosaik-
steinchen ausgeschmückt.

Rechts unten:
Im legendären Café Opera
heißt es dann »sehen und
gesehen werden«, wenn
man das in Schweden
abends übliche Schlange-
stehen vor »In-Lokalen«
überstanden hat.

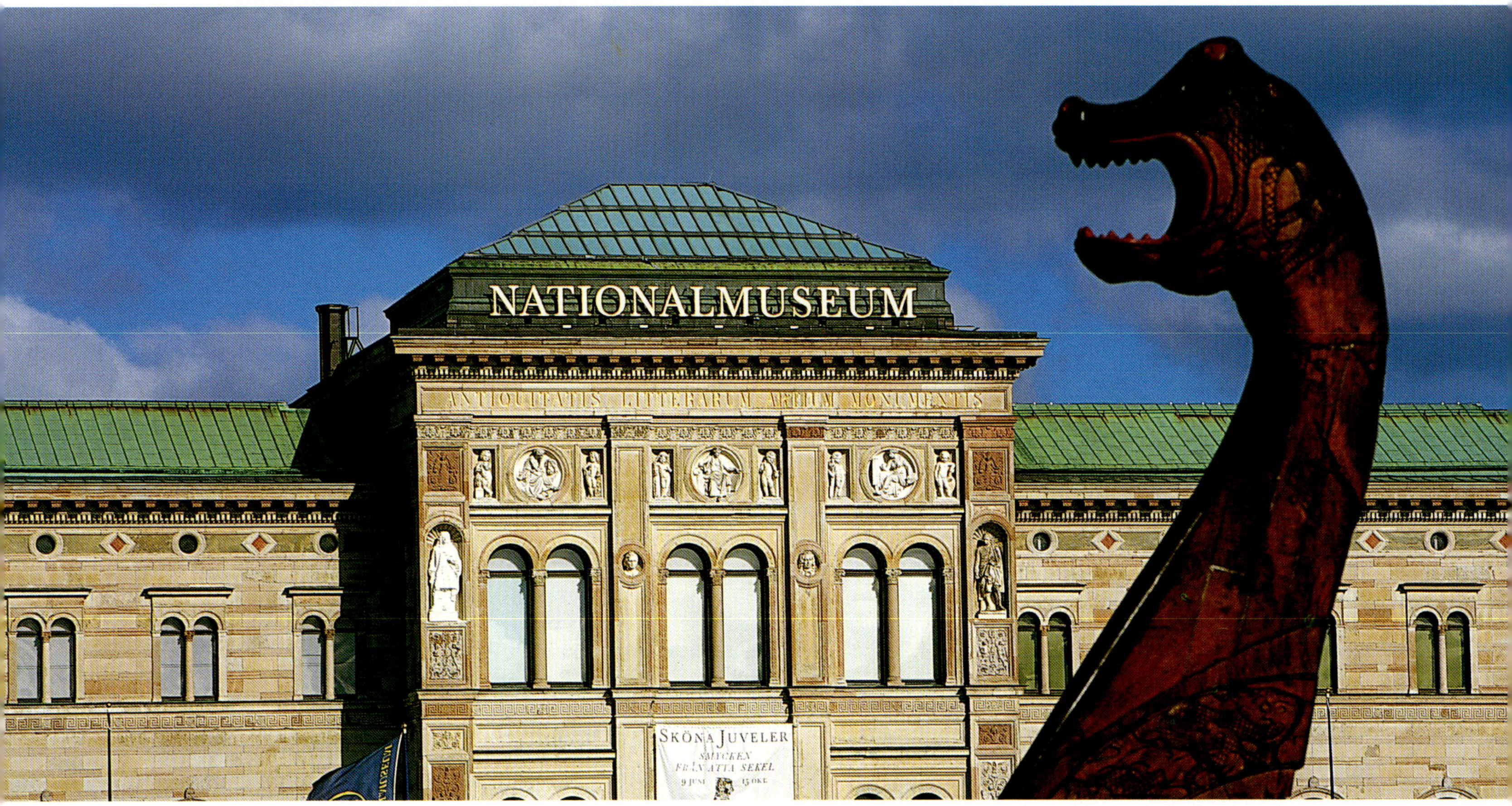
NATIONALMUSEUM
SKÖNA JUVELER

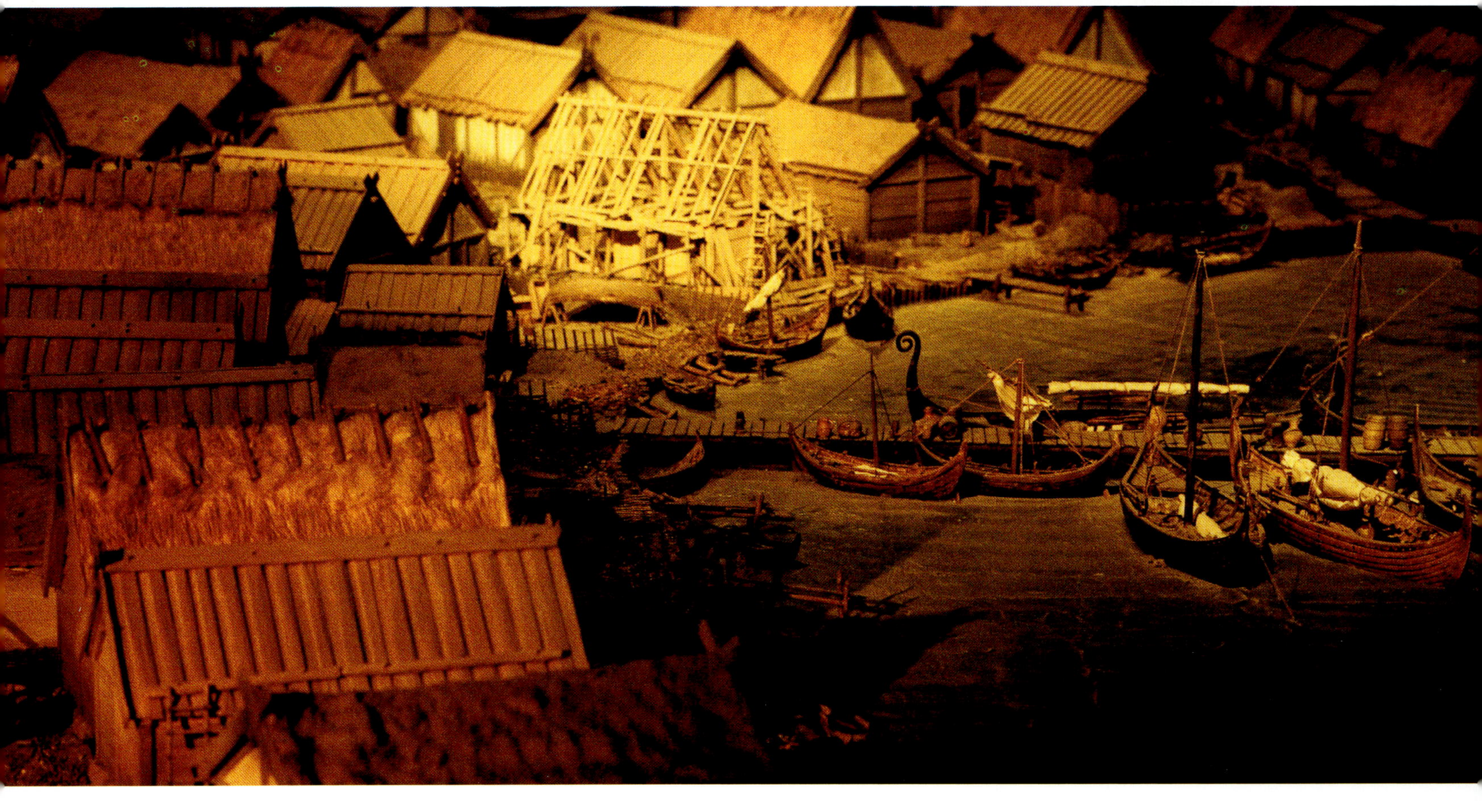

ks:

Nationalmuseum
ckholms entwarf
Architekt des Neuen
eums in Berlin
drich August Stüler im
der Neorenaissance.

Die Sammlung von
internationalem Rang
enthält neben den Werken
der schwedischen Klassiker
Bilder der Niederländer
und Franzosen.

Unten:
Das Vasa-Museum auf der
Insel Djurgården zeigt nur
ein einziges, einzigartiges
Schiff: das prächtige Regal-
schiff Gustavs II. Adolf. Es

kenterte bereits auf seiner
Jungfernfahrt 1628 im
Stockholmer Hafen,
1961 wurde es mit allen
Bestandteilen geborgen
und restauriert.

s:

Insel Björkö (Birken-
l) im Mälarsee war
. und 10. Jahrhundert
wichtigste Handels-
z der Wikinger. Das

Birkamuseet zeigt die
alte Wikingersiedlung in
Modellen und gibt Ein-
blicke in das Leben der
Wikinger.

wedens und war
ge Zeit einer der
eutendsten Orte des
des, bevor er von
dten wie Stockholm
Uppsala überflügelt
de.

Auch in den frostigen Wintermonaten, die bei Schnee so dunkel gar nicht sind, werden die Wasserwege in Stockholms Schärengarten (Skärgården) genutzt. Der Mälarenabfluss mit seinen zahlreichen Inseln und Halbinseln, Nebenarmen und Buchten hat Stockholm einen idealen Hafen beschert, der im Winter allerdings nur mit Eisbrechern offen gehalten werden kann.

Die letzte Wildnis Europas – Norrland

In Jämtland im mittleren Norden Schwedens dehnen sich weithin die Fichtenwälder, nur unterbrochen von Flusstälern und lang gestreckten Seenketten. Bei Handöl rauschen die größten Flussfälle Schwedens, die Handölsfosarna, in die Tiefe.

Norrland oder Nordschweden nimmt mit seinen 260 500 Quadratkilometern Fläche 60 Prozent des Landes ein und erstreckt sich über neun Breitengrade, wobei nördlich seiner Mitte der Polarkreis verläuft. In der stillen Weite des Nordens erhebt sich auch der höchste Berg Schwedens, der Kebnekaise, Ziel und Wendepunkt der Reise Nils Holgerssons mit den Wildgänsen. Die südlichsten Landschaften Gästrikland und Hälsingland bilden zusammen ein »län«, einen Verwaltungsbezirk mit der Hauptstadt Gävle, sind historisch aber selbstständige Gebiete. Der 430 Kilometer lange Fluss Ljusnan verbindet Hälsingland mit dem bis an die Gebirge der norwegischen Küste reichenden Härjedalen. In diesem Landstrich finden sich undurchdringliche Wälder, baumlose Gebirgszüge, Moore und Wasserläufe sowie der südlichste Gletscher Schwedens.

Der nördlichste Runenstein Schwedens steht in Jämtland, das durch seine Berge ein attraktives Skigebiet ist. Der Name Medelpad weist auf einen »mittleren Pfad« hin und in der Tat führte ein Pilgerweg nach Nidaros, heute Trondheim, zum Grab des heiligen Olof durch diese Landschaft, deren waldige, einsame Gebirgsszenerie erst kurz vor dem Meer endet. Ångermanland ist zu 80 Prozent von Wald bedeckt – kein Wunder, dass die Holzindustrie der bedeutendste Wirtschaftszweig ist. Mit Holz hat auch Västerbotten etwas zu tun, Ivar Kreuger war hier der »Zündholzkönig«. Norbotten an der Grenze zu Finnland teilt sich mit Lappland Norrlands Kopfstück, durch beide läuft der Polarkreis. Hier beginnt das Reich der Mitternachtssonne.

Die größte Landschaft im Norden ist jedoch Lappland, eine wildromantische Welt, in der die Samen mit ihren Rentierherden leben. In diesem Gebirgsland mit den höchsten Gipfeln Schwedens erlebt man Natur pur in einem Reich der Berge und Flusstäler, Seen und Wasserfälle. Gleichzeitig gibt es hier die größten Erzvorkommen mit dem Zentrum Kiruna.

Seite 114/115:
Mitternachtsstimmung in den Wäldern Jämtlands. Trotz der noch hellen Stunden ist der Herbst schon nahe: Erste kalte Nächte verleihen den Bäumen ein unvergleichlich buntes Kleid.

Rechts:
Die restaurierten Kirchhütten aus dem 17. Jahrhundert in Lövånger, Provinz Västerbotten, boten den früher oft von weit her angereisten Kirchgängern Unterkunft.

Oben:
Die Altstadt von Gävle bezaubert mit ihren Holzhäusern, die zum Teil aus dem 18. Jahrhundert stammen. Gävle ist die Hauptstadt von Gästrikland und Norrlands älteste Stadt.

Rechts:
Gävle ist die zweitgrößte Küstenstadt nördlich von Stockholm und wurde bereits um 1446 angelegt.

Mit seinen guten Hafenverhältnissen war Gävle schon immer ein wichtiges Handels- und Verkehrszentrum.

Links:
Das Bruks-Industrie-
Museum bei Hudiksvall
ist der Eisenindustrie
gewidmet, obwohl Hudiks-
vall mehr durch seine
Holzbarone bekannt
wurde. Außerdem gilt
Hudiksvall als die zweit-
älteste Stadt Norrlands.

Unten:
*Von einer Bauernsiedlung
bei Mattmar hat man
einen schönen Blick auf
die rauen Berge Jämtlands,
das auch als Winter-
sportgebiet beliebt ist.*

Seite 120/121:
*Einer der vielen
spektakulären Wasser-
fälle Jämtlands: der
Ristafallet im Licht der
Mitternachtssonne
um 23 Uhr.*

Rechts oben:
...n Kilometer östlich des Orts Duved in Jämtland stürzt einer der größten und eindrucksvollsten Wasserfälle Schwedens, der Tännforsen, wild schäumend 38 Meter in die Tiefe.

Rechts Mitte:
Die Seen Jämtlands sind beschaulich, still und ruhig, wie hier der Hotagensee.

Rechts unten:
Die Felsritzungen bei Glösa in Jämtland zeigen zahlreiche Tierdarstellungen.

Unten und rechts: Der Kungsleden (Königspfad), einer der beliebtesten Trails im Norden Schwedens, beginnt in Abisko und endet 500 Kilometer später in Hemavan. Während in den Sommermonaten Wanderer die Weite und Einsamkeit der Natur genießen, befahren im Winter Hundeschlitten den Weg.

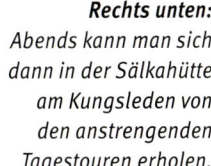

Rechts oben und Mitte:
einsamen Hochebenen
f dem Kungsleden-Weg
önnen auch auf Skiern
durchquert werden. Die
interlichen Skiwander-

bedingungen sind in
Nordschweden meist
optimal und das Natur-
erlebnis in der weißen
Einsamkeit unvergesslich.

Rechts unten:
Abends kann man sich
dann in der Sälkahütte
am Kungsleden von
den anstrengenden
Tagestouren erholen.

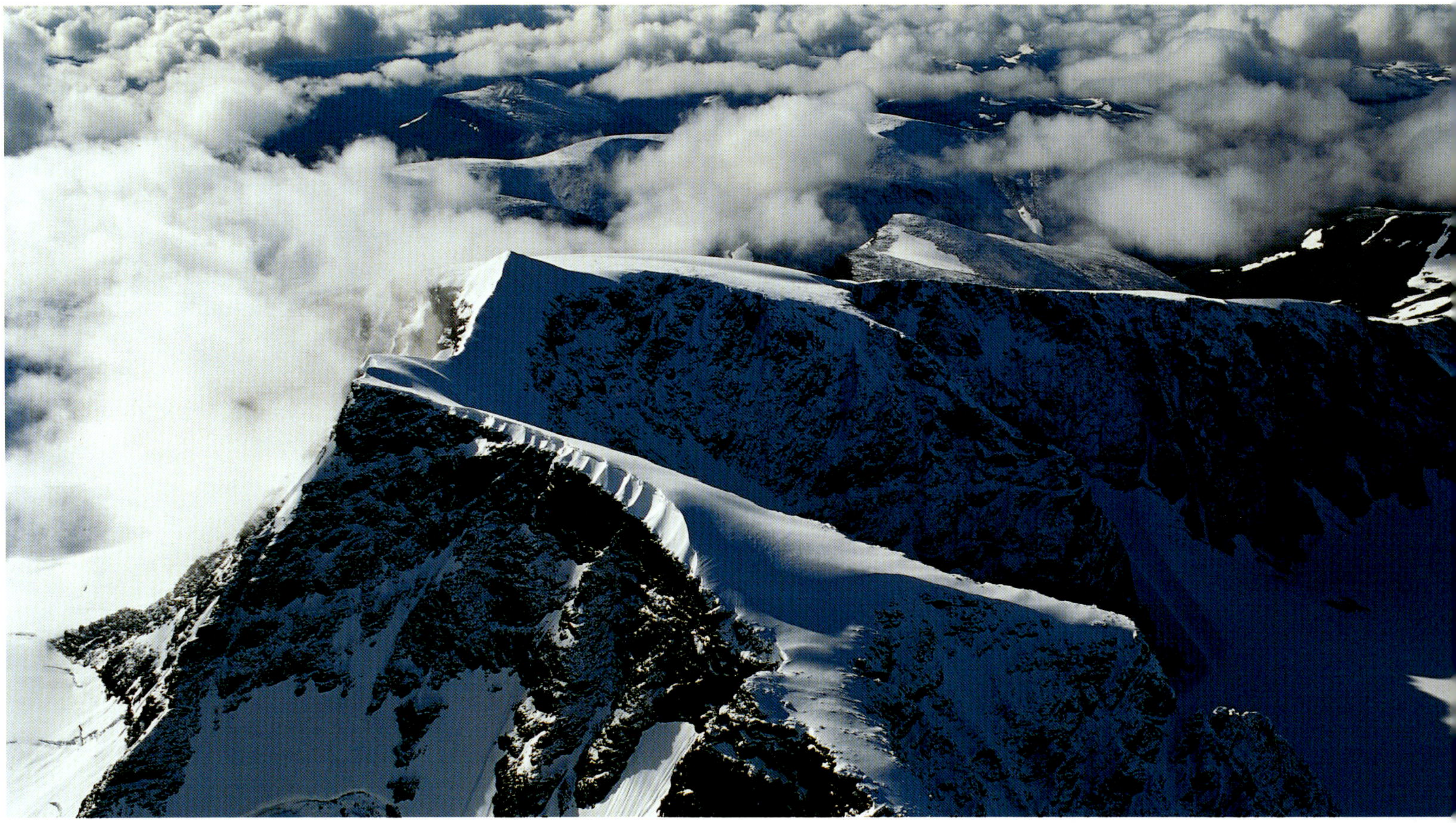

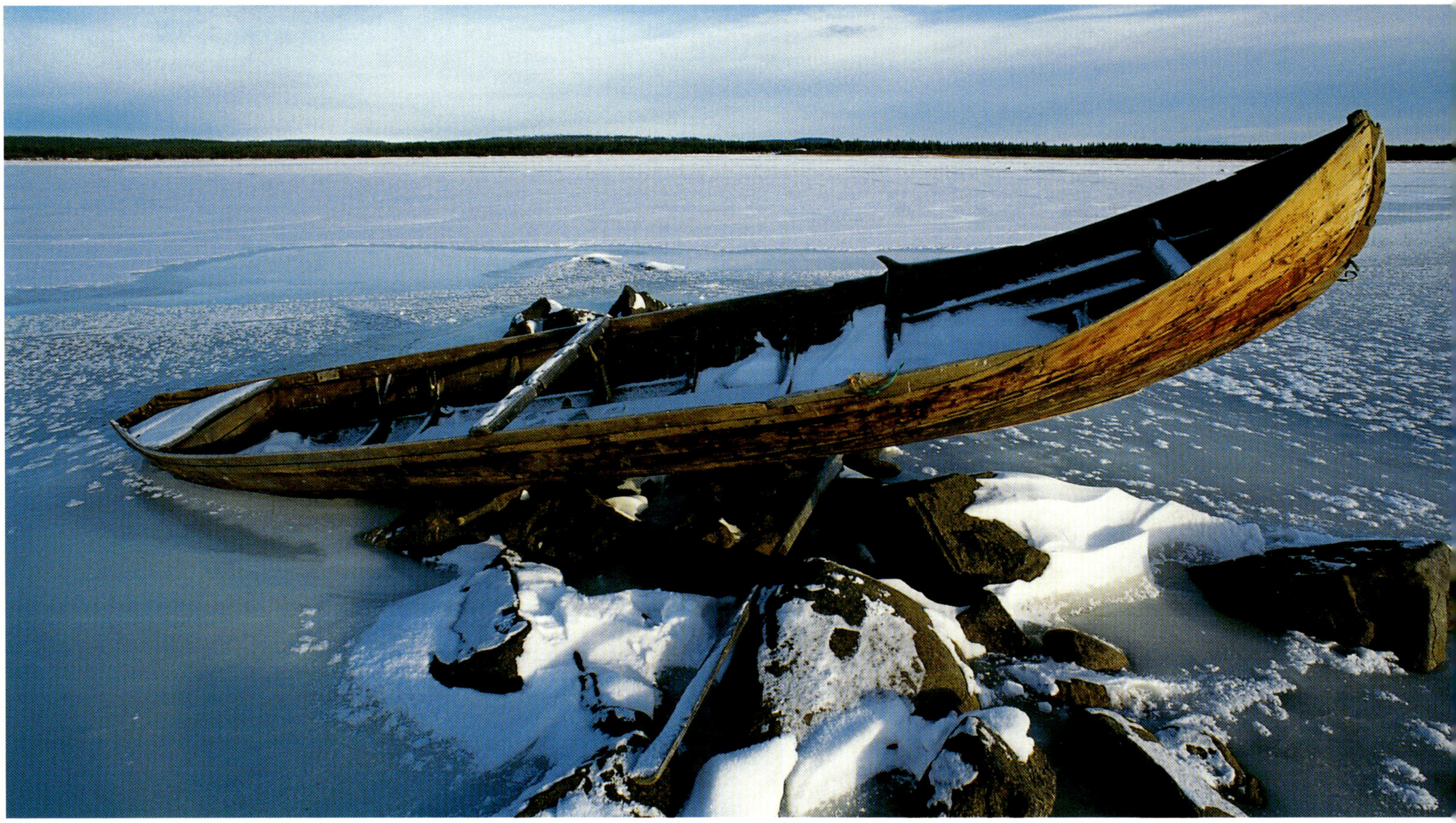

s:

um Kebnekaise, dem
2119 Metern höchsten
Schwedens in der
nis Lapplands, führt
die Reise des kleinen
Holgersson mit den
gänsen.

Seite 124/125:

Kiruna ist mit 20 000 Quadratkilometern halb so
groß wie die ganzen
Niederlande und wird von
dem Erzberg Kirunavaara,
dem die Stadt ihre Existenz
verdankt, beherrscht.

Die staatliche Erzabbau-
gesellschaft LKAB wurde
1890 gegründet und
der Berg zunächst im Tage-
bau, Stufe um Stufe, abge-
tragen. Heute findet der
Erzabbau 300 Meter unter
der Erdoberfläche statt.

s:

Die Wintermonate ist
es Fischerboot am Ufer
Vittangi in Lappland
elegt. Der entlegene

Wildnisfluss ist im oberen
Teil eher ruhig, im unteren
zum Wildwasserfahren
geeignet – zumindest im
Sommer.

Oben:

Lappland gilt als die
letzte Wildnis Europas
und als das Reich der
Mitternachtssonne.

Mit seinen unendlichen
Wäldern, rauschenden
Flüssen und glasklaren
Seen vor den Gebirgszügen
Nordschwedens (hier die

Lappentor genannte
Bergformation) ist diese
Region ein Paradies für
Naturliebhaber.

Links oben:

In Arjeplog am alten
Silbervägen (Silberweg)
kann man im Silber-
museum die Schätze des
Arztes Einar Wallquist
bewundern, der ab 1922
alte Silberstücke der
Region zusammentrug.

Links Mitte:

Auch typische Messer
der Urbevölkerung
Lapplands, der Samen,
werden im Museum von
Arjeplog ausgestellt.

Links unten:

Ein Museum im Bahnhof
von Sorsele informiert
über die Inlandsbahn,
den einwagigen, orange-
roten Zug, der über eine
alte eingleisige Neben-
strecke von Östersund
bis Gällivare zuckelt.

Unten:
Der Name des Bergbau-
ortes Gällivare bedeutet
»Spalt im Berg«, und
der ist ein wichtiger
Orientierungspunkt bei
Wanderungen um die
lappländische Stadt.
Zusammen mit den
Grubenorten Malmberget
und Koskulskulle bildet
Gällivare eine Groß-
gemeinde mit knapp
20 000 Einwohnern.

Links:
Im Licht des Nordens erlebt man tiefe Natureindrücke an einem stillen See Lapplands bei Fredrika.

Unten:
Die Wanderwege Nordschwedens, hier bei Abisko, führen oft durch sumpfige und moorige Gebiete, die durch Holzplanken überbrückt werden.

Ganz unten:
Jagen ist eine beliebte Freizeitbeschäftigung der Schweden, besonders die Elchjagd, an der alljährlich auch der König teilnimmt. War einem das Jagdglück nicht hold, werden am Abend eben Würstchen über dem Feuer gegrillt.

Seite 132/133:
Lapplands unermessliche Weite erschließt sich hier aus der Luft: das Delta des Rapaälven.

REGISTER

Der Name Ohlsson, hier an einer Tür in Karlskrona, ist in Schweden weit verbreitet. Viele Namen enden auf die Nachsilbe -son, die »Sohn des ...« bedeutet.

Impressum

Buchgestaltung
hoyerdesign grafik gmbh, Freiburg
www.hoyerdesign.de

Karte
Fischer Kartografie, Aichach

Printed in Germany
Repro: Artilitho, Lavis-Trento, Italien – www.artilitho.com
Druck und Verarbeitung: Offizin Andersen Nexö, Leipzig
© 2011 Verlagshaus Würzburg GmbH & Co. KG
© Fotos: Max Galli
© Texte: Ulrike Ratay

ISBN 978-3-8003-4005-7

Unser gesamtes Programm finden Sie unter:
www.verlagshaus.com